Horst Dreier · Bioethik

Horst Dreier

Bioethik

Politik und Verfassung

Mohr Siebeck

Horst Dreier, geboren 1954; Studium der Rechtswissenschaften; 1985 Promotion, 1989 Habilitation; nach Stationen in Heidelberg und Hamburg seit 1995 Ordinarius für Rechtsphilosophie, Staats- und Verwaltungsrecht an der Bayerischen Julius-Maximilians-Universität Würzburg; 2001–2007 Mitglied des Nationalen Ethikrates.

ISBN 978-3-16-152608-4

Die Deutsche Nationalbibliothek verzeichnet diese Publikation in der Deutschen Nationalbibliographie; detaillierte bibliographische Daten sind im Internet über *http://dnb.dnb.de* abrufbar.

© 2013 Mohr Siebeck Tübingen. www.mohr.de

Das Buch wurde von Martin Fischer in Tübingen aus der Minion gesetzt, von Gulde-Druck in Tübingen auf alterungsbeständiges Werkdruckpapier gedruckt und gebunden.

Vorwort

Diese Abhandlung hat eine kleine Vorgeschichte. Der Text beruht im Kern auf einem Vortrag, den der Autor am 27. April 2010 an der Westfälischen Wilhems-Universität Münster zur Eröffnungsfeier der Kolleg-Forschergruppe »Theoretische Grundfragen der Normenbegründung in Medizinethik und Biopolitik« gehalten hat. An eine sofortige Publikation war seinerzeit aufgrund anderer Verpflichtungen nicht zu denken. Umso dankbarer bin ich für die große Geduld, die insbesondere der Sprecher der Forschergruppe, Prof. Dr. Thomas Gutmann, aufgebracht hat, bis ich endlich im Frühjahr 2012 eine stark erweiterte, wenngleich von Vollständigkeit jeglicher Art weit entfernte Druckfassung für die »Preprints and Working Papers of the Centre for Advanced Study in Bioethics« vorlegen konnte (dort unter der Ordnungsziffer Münster 2010.1 und dem Titel: »Bioethik zwischen gesellschaftlicher Pluralität und staatlicher Neutralität« erschienen). Für die Erstellung dieser Version wiederum hatte mir erst mein Aufenthalt als Fellow der Carl Friedrich von Siemens Stiftung in München im Akademischen Jahr 2011/12 den nötigen Freiraum verschafft. Von daher möchte ich der Stiftung und vor allem ihrem Geschäftsführer, Herrn Prof. Dr. Heinrich Meier, auch an dieser Stelle meinen herzlichen Dank für diese wunderbare Zeit mit ihren überaus großzügigen Konditionen aussprechen. Ende 2012 habe ich den gesamten Text noch einmal durchgearbeitet und insbesondere die einleitenden und abschließenden Passagen von allzu anlaßgebundenen Bezügen gereinigt. Für ebenso tatkräftige wie wichtige Unterstützung danke ich ganz besonders den Mitarbeiter(inne)n meines Würzburger Lehrstuhls, allen voran meinem wissenschaftlichen Assistenten, Herrn David Kuch.

Würzburg, im Advent 2012   Horst Dreier

Inhalt

Abkürzungsverzeichnis

AcP	Archiv für die civilistische Praxis
AöR	Archiv des öffentlichen Rechts
ARSP	Archiv für Rechts- und Sozialphilosophie
Art.	Artikel
Aufl.	Auflage
Bd.	Band
BGB	Bürgerliches Gesetzbuch
BGBl.	Bundesgesetzblatt
BGH	Bundesgerichtshof
BT-Drs.	Bundestagsdrucksache
BVerfG	Bundesverfassungsgericht
BVerfGE	Entscheidungen des Bundesverfassungsgerichts
DÖV	Die Öffentliche Verwaltung. Zeitschrift für öffentliches Recht und Verwaltungswissenschaft
DVBl.	Deutsches Verwaltungsblatt
EKD	Evangelische Kirche in Deutschland
ESchG	Gesetz zum Schutz von Embryonen (Embryonenschutzgesetz – ESchG) vom 13.12.1990 (BGBl. I S. 2746), zuletzt geändert durch Artikel 1 des Gesetzes vom 21.11.2011 (BGBl. I S. 2228)
FAZ	Frankfurter Allgemeine Zeitung
Fn.	Fußnote
FS	Festschrift
GG	Grundgesetz
GRUR	Gewerblicher Rechtsschutz und Urheberrecht. Zeitschrift der Deutschen Vereinigung für gewerblichen Rechtsschutz und Urheberrecht
Hrsg.	Herausgeber
IVF	In-Vitro-Fertilisation
JöR	Jahrbuch des öffentlichen Rechts
JZ	Juristenzeitung
KritV	Kritische Vierteljahresschrift für Gesetzgebung und Rechtswissenschaft
MdB	Mitglied des Bundestages
MedR	Medizinrecht
m. w. N.	mit weiteren Nachweisen
NF	Neue Folge
NJW	Neue juristische Wochenschrift

PID	Präimplantationsdiagnostik
PND	Pränataldiagnostik
Rg	Rechtsgeschichte. Zeitschrift des Max-Planck-Instituts für europäische Rechtsgeschichte
Rn.	Randnummer(n)
RW	Rechtswissenschaft. Zeitschrift für rechtswissenschaftliche Forschung
S.	Seite(n)
Sp.	Spalte(n)
StGB	Strafgesetzbuch
StZG	Gesetz zur Sicherstellung des Embryonenschutzes im Zusammenhang mit Einfuhr und Verwendung menschlicher embryonaler Stammzellen (Stammzellgesetz – StZG) vom 28.6.2002 (BGBl. I S. 2277), zuletzt geändert durch Artikel 1 des Gesetzes vom 14.8.2008 (BGBl. I S. 1708)
SZ	Süddeutsche Zeitung
VVDStRL	Veröffentlichungen der Vereinigung der Deutschen Staatsrechtslehrer
ZEE	Zeitschrift für evangelische Ethik
ZjS	Zeitschrift für das juristische Studium
ZRP	Zeitschrift für Rechtspolitik

I. Bioethik als Herausforderung für das Verfassungsrecht

Bioethische Diskussionen sind in Deutschland schon immer von besonderer Heftigkeit und Grundsätzlichkeit gewesen. Als sich in den 1980er Jahren die heute als weitgehend selbstverständlich und moralisch unproblematisch empfundenen Möglichkeiten der künstlichen Befruchtung offenbarten, wurden diese zum Teil als unnatürlich kritisiert und scharf verworfen. Das Embryonenschutzgesetz aus dem Jahre 1990 war äußerst restriktiv gefaßt und enthielt eine stattliche Reihe strafrechtlicher Verbotstatbestände: untersagt wurde im Prinzip jede Verwendung einer in vitro befruchteten Eizelle zu einem anderen Zweck als dem der Fortpflanzung. Das schließt insbesondere jegliche Forschung an überzähligen Embryonen aus, und nach lange Zeit ganz überwiegender Auffassung fiel auch die im Laufe der 1990er Jahre sich entwickelnde Präimplantationsdiagnostik (PID) unter die Verbotsbestimmungen. Keine Aussage traf das Embryonenschutzgesetz hingegen für Stammzellinien, die aus überzähligen Embryonen im Ausland gewonnen waren. Die Frage, ob derartige Stammzellinien nach Deutschland zu Forschungszwecken importiert werden durften, führte im Jahre 2001 zu einem markanten Höhepunkt der bioethischen Debatte, die weit über den konkreten Anlaß hinausging und mit harten Bandagen ethische Grundsatzfragen verhandelte. Je weiter die Positionen inhaltlich auseinanderdrifteten, desto deutlicher offenbarten sich die zugrundeliegenden fundamentalen Wertungsdifferenzen, so daß der Streit mehr und mehr »Züge eines Glaubenskrieges« annahm und mit »Begriffen eines geistigen Bürgerkrieges geführt« wurde[1]. Das zeigte sich insbesondere daran, daß man mit

---

[1] Erstes Zitat: *H. Schmoll*, Sackgassen der bioethischen Debatte, in: FAZ Nr. 182 v. 8.8.2001, S. 1. Zweites Zitat: *P. Bahners*, Bürger Embryo, in: FAZ Nr. 150 v. 2.7.2001, S. 43. – Berechtigte Sorge gegenüber entsprechend übersteigerten Stilisierungen bzw. Praktiken: *R. Wahl*, Die Rolle des Verfassungsrechts angesichts

Blick auf Embryonen- und Stammzellforschung von Barbarentum, Kannibalismus oder dem Mord an kleinen Kindern sprach und zu guter Letzt auch den Hinweis auf den berüchtigten NS-Mediziner Mengele nicht unterließ. Ähnliche kulturkampfartige Töne prägten dann im Jahre 2007 die Auseinandersetzungen um die Verschiebung des Stichtages für den 2002 unter einer Reihe restriktiver Bedingungen erlaubten Import von Stammzellen, worin nicht wenige eine absolute moralische Kapitulation erblickten, die den Weg in eine inhumane Gesellschaft besiegelte. Kaum anders war es letztlich bei der Zulassung der Präimplantationsdiagnostik (PID) unter eng begrenzten Voraussetzungen im Jahre 2011: auch hier gab es Stimmen, die das als eine menschenwürdewidrige Selektion lebensunwerten Lebens und eine Revitalisierung eugenischer Praktiken geißelten. Man kann also ohne jegliche Übertreibung sagen, daß die Entwicklungen auf dem Feld der assistierten Reproduktion per In-Vitro-Fertilisation (IVF), der Forschung an humanen embryonalen Stammzellen, der PID oder des therapeutischen Klonens zu den gesellschafts- und rechtspolitisch am heftigsten umstrittenen Themen überhaupt gehören. Die Bildung gesamtgesellschaftlich akzeptabler ethischer wie rechtlicher Maßstäbe zur Beurteilung jener Prozesse stellt ohne Frage eine der wichtigsten, wenngleich kaum lösbaren Aufgaben unserer Zeit dar. Die folgende Abhandlung verdankt sich nicht der Illusion, die höchst kontroversen und mit ungewöhnlicher Härte ausgefochtenen Debatten in irgendeiner Weise befrieden oder gar einer allgemein konsensfähigen Lösung zuführen zu können. Auch wer glaubt, man müsse Experten verschiedener Fachgebiete nur lange genug in bestimmten Gremien miteinander reden lassen, dann werde schon ein allgemein akzeptiertes Resultat dabei herausspringen, hat von der Eigengesetzlichkeit einzelwissenschaftlicher Rationalitäten eine nur geringe und von der Eitelkeit der Protagonisten gar keine Vorstellung[2]. Nicht die vergebliche Hoffnung auf die Präsentation allgemein

---

von Dissens in der Gesellschaft und in der Rechtspolitik, in: G. Maio (Hrsg.), Der Status des extrakorporalen Embryos, 2007, S. 551 ff. (580).

[2] Vertiefend zu Möglichkeiten und Grenzen solcher Expertengremien am Beispiel des Nationalen Ethikrates W. van den Daele, Streitkultur, in: D. Gosewinkel/G. F. Schuppert (Hrsg.), Politische Kultur im Wandel von Staatlichkeit,

geteilter Vorstellungen motiviert die folgenden Zeilen, sondern allein die verhaltene Zuversicht, einige wichtige Eckpunkte rechtsgrundsätzlicher und verfassungsrechtlicher Art fixieren zu können. Denn die medizinischen und biotechnologischen Möglichkeiten werfen ja nicht zuletzt immer wieder Fragen nach der Regelungsmacht des Gesetzgebers sowie deren verfassungsrechtlichen Grenzen auf – in Sonderheit in Gestalt der grundgesetzlichen Garantien der Menschenwürde (Art. 1 Abs. 1 GG) und des Lebensrechts (Art. 2 Abs. 2 GG). Die vorliegende Abhandlung will insofern nicht nur Stellung im pro und contra der Positionen beziehen, sondern darüber hinaus die verfassungsrechtlichen und staatstheoretischen Rahmenbedingungen explizieren, in die jene legislativen Entscheidungen letztlich hineingestellt sind. Das erscheint auch deswegen notwendig, weil viele Beiträge in dem anhaltenden Meinungsstreit den Eindruck vermitteln, ihre Protagonisten säßen einem gedanklichen Kurzschluß auf: daß nämlich genau und nur das, was sie für jeweils ethisch und moralisch richtig halten, alleiniges Richtmaß für das Handeln des Gesetzgebers sein könne und dürfe. Diese Vorstellung verkennt den Pluralismus moderner Gesellschaften und den schwierigen Prozeß, die darin liegenden Zumutungen auszuhalten (siehe unter VI.).

Wenn die folgenden Ausführungen in einen Grundsatzdiskurs, einen zweifachen Anwendungsdiskurs sowie einen Politikdiskurs gegliedert sind, so geschieht das in lockerer Anlehnung an die Projektskizze, die der Arbeit der im Vorwort erwähnten Münsteraner Kollegforschergruppe zugrunde liegt. Welche staatstheoretischen Eckpunkte und verfassungsrechtlichen Grundentscheidungen, so der Grundsatzdiskurs, strukturieren überhaupt das hier relevante bioethische Feld? Sodann: welches sind die einschlägigen grundgesetzlichen Schutzgüter, die bei den konkreten Fragen und Entscheidungslagen eine zentrale Rolle spielen und nach Gewichtung und Abwägung verlangen? Ferner: Wie gestaltet sich vor diesem Hintergrund die konkrete einfachgesetzliche Rechtslage, und welche Wertungen des Gesetzgebers waren auf den unterschiedlichen

---

2008, S. 357 ff.; *H. Dreier*, Wozu dienen Ethikräte?, in: FS Wahl, 2011, S. 57 ff. (68 ff.).

Feldern ausschlaggebend? Am Schluß fragt sich, wie sich eigentlich der unvermeidliche Dezisionismus und Subjektivismus politischer Mehrheitsentscheidungen auf diesem hochkomplexen und umstrittenen Gebiet zu den möglicherweise ganz anders strukturierten, weil stärker auf argumentative Kohärenz und Stringenz verpflichteten Konzepten wissenschaftlicher Provenienz verhält.

II. Grundsatzdiskurs:
Verfassungstheoretische Koordinaten

1. Faktizität und Normativität des gesellschaftlichen Pluralismus

a) Allgemein: Grundrechtsgestützte Pluralität

Es war John Rawls, der mit dem Stichwort »Faktum des Pluralismus«[3] einen wesentlichen Charakterzug unserer politischen Realität ins allgemeine Bewußtsein gehoben hat: den Umstand nämlich, daß moderne Gesellschaften durch und durch pluralisiert und oft geradezu fragmentiert sind[4]. Diese plurale Vielfalt hat viele Gesichter: den bunten Markt der Meinungen und der Presse, das breite Kaleidoskop der Interessenverbände in Wirtschaft und Gesellschaft, die zahlreichen zivilgesellschaftlichen Gruppen mit ihren durchaus verschiedenen Zielen, das rege Vereinsleben, landsmannschaftliche Besonderheiten, die differierenden religiösen und weltanschaulichen Bekenntnisse und anderes mehr.

Jene plurale Vielfalt insbesondere der Meinungen und Interessen ist nun in freiheitlichen Staaten westlicher Prägung nicht bloß vorfindliche Tatsache, sondern gewissermaßen ihr typenbildendes Charakteristikum, das durch umfängliche Grundrechtsgewährleistungen garantiert wird. Pluralität wird nicht lediglich als Faktum hingenommen, sondern normativ unterfangen. Da Grundrechte als

---

[3] *John Rawls*, Political Liberalism, New York 1993, S. XVII, 54 ff. (dt. u. d. T.: Politischer Liberalismus. Übersetzt von Wilfried Hinsch, 1998, S. 13, 127 ff.); *ders.*, Der Gedanke eines übergreifenden Konsenses (1987), in: *ders.*, Die Idee des politischen Liberalismus. Aufsätze 1978–1987, hrsgg. v. Wilfried Hinsch, 1992, S. 293 ff. (294 f., 298).

[4] Natürlich war Rawls nicht der erste, der den Pluralismus als herausragendes Kennzeichen freiheitlicher moderner Gesellschaften begriffen hat. Siehe etwa *E. Fraenkel*, Der Pluralismus als Strukturelement einer freiheitlichen Demokratie (1964), in: *ders.*, Deutschland und die westlichen Demokratien, 7. Aufl. 1979, S. 197 ff.; zuvor schon *K. Loewenstein*, Verfassungslehre, 1959, S. 367 ff., 389 ff.

Stützpfeiler der Individualität wirken, sind sie zugleich Faktoren und Garanten gesamtgesellschaftlicher Pluralität, damit aber unausweichlich der Disparität, der Differenz und der Konkurrenz. Grundrechte, genetisch selbst Produkt verstärkter Pluralität, »entbinden den Pluralismus«[5]. Diese Vielfalt erstreckt sich weit über die private Lebensweise hinaus auf allgemeinere Gesichtspunkte wie politische Überzeugungen oder Werthaltungen bis hin zu ganz fundamentalen Fragen der richtigen und gerechten politischen Ordnung oder des guten Lebens in der Gemeinschaft. Es ist ja kein Zufall, daß Rawls' zentrale Frage lautete, wie es eine stabile Gesellschaft von Freien und Gleichen geben könne, obwohl sich doch in der pluralen Gesellschaft unvereinbare Auffassungen (doctrines) religiöser, philosophischer oder moralischer Art gegenüberstünden[6].

In Deutschland hat sich in den letzten Jahrzehnten eine besonders durchgreifende Pluralisierung auf dem Feld von Glauben und Weltanschauung vollzogen[7]. Lange Zeit bedeutete religiöse Pluralität hier im Grunde nicht mehr als Bi-Konfessionalität. Die Kirchen waren stabilitätsverbürgende Ordnungsgaranten, weniger Quell des Streits oder Partei im Streit. Mit dem Wandel von der bikonfessionellen zu einer multireligiösen und partiell auch areligiösen Gesellschaft hat sich die Lage dramatisch geändert, sind vermeintliche Selbstverständlichkeiten weggebrochen und stillschweigende Einverständnisse fraglich oder schlicht unverständlich geworden. Unter den verschärften Bedingungen religiös-weltanschaulicher Pluralisierung

---

[5] *J. Isensee*, Schlußwort, in: O. Depenheuer u. a. (Hrsg.), Die Einheit des Staates, 1998, S. 71 ff. (79): »Grundrechte entbinden den Pluralismus. Mit ihnen erhebt sich legitime Uneinheit der Bürger in Fragen der Religion, der Weltanschauung, der Politik.«

[6] *Rawls*, Political Liberalism (Fn. 3), S. XVIII: »How is it possible that there may exist over time a stable and just society of free and equal citizens profoundly divided by reasonable though incompatible religious, philosophical, and moral doctrines?«

[7] Vgl. im Überblick und m. w. N.: *H. Dreier*, Säkularisierung des Staates am Beispiel der Religionsfreiheit, in: Rg 19 (2011), S. 72 ff.; ausführlicher *C. Waldhoff*, Neue Religionskonflikte und staatliche Neutralität – Erfordern weltanschauliche und religiöse Entwicklungen Antworten des Staates?, in: Verhandlungen des 68. Deutschen Juristentages, Bd. I, 2010, S. 1–176; *M. Morlok*, in: H. Dreier (Hrsg.), Grundgesetz-Kommentar, Bd. I, 3. Aufl. 2013, Art. 4 Rn. 1 ff., 50 ff.

wirkt offenkundig auch die Religion »nicht mehr homogenitätsver-
bürgend, sondern weit stärker dissoziativ«[8].

b) Religiöse Pluralität in bioethischen Fragen, auch innerhalb des Christentums

So überrascht es nicht, wenn wir gravierende Meinungsdivergenzen
bei der Beurteilung bioethischer Fragen vorfinden. Dabei wird in
der öffentlichen Debatte oft der Eindruck erzeugt, es ginge im Kern
um den dualen Gegensatz zwischen rein diesseitig ausgerichteten,
am hemmungslosen medizinischen Fortschritt orientierten, quasi
materialistisch-positivistischen Konzepten einerseits, besonnener
religiös-ethisch-moralischer Grenzziehung andererseits. Religion
und Philosophie halten diesem Bild zufolge eine entfesselte Logik
des »was wir können, wollen und sollen wir auch machen« in Schach.
Näheres Hinsehen ergibt, daß etwa in den zentralen Fragen der
Forschung an überzähligen Embryonen oder des therapeutischen
Klonens von einem solchen klaren Frontverlauf nicht die Rede sein
kann. Der ethische Dissens liegt eindeutig nicht zwischen religiöser
Bindung hier und materialistischer oder atheistischer Weltanschauung dort. Das sieht man bereits daran, daß viele Weltreligionen mit
den bei uns so heftig umstrittenen Praktiken aus unterschiedlichen
Gründen kein Problem haben[9]. Dabei verläuft der Graben wiederum
nicht etwa zwischen monotheistischen Religionen auf der einen
Seite, Buddhismus oder Hinduismus auf der anderen. Dort erledigen
sich viele Konfliktlinien, weil es weder einen Schöpfergott noch die

---

[8] U. *Volkmann*, Der Preis der Freiheit, in: C. Langenfeld/I. Schneider (Hrsg.),
Recht und Religion in Europa, 2008, S. 87 ff. (96). In diesem Problemkon-
text sind auch die Referate der Erlanger Staatsrechtslehrertagung zu sehen:
U. *Sacksofsky*/C. *Möllers*, Religiöse Freiheit als Gefahr?, VVDStRL 68 (2009),
S. 7 ff., 47 ff.
[9] Instruktiver Überblick bei K. *Tanner*, Die Religion(en) und die Bioethik,
in: J. C. Joerden/T. Moos/C. Wewetzer (Hrsg.), Stammzellforschung in Europa:
religiöse, ethische und rechtliche Probleme, 2009, S. 35 ff.; materialreich I. *Rey-
Stocker*, Anfang und Ende des menschlichen Lebens aus der Sicht der Medizin
und der drei monotheistischen Religionen Judentum, Christentum und Islam,
2006. Siehe auch die Hinweise unten in Fn. 70.

Vorstellung einer einzigartigen Ich-Identität gibt[10]. Zum Stellenwert des menschlichen Lebens im Hinduismus etwa ist festzustellen: »Den Wert der Einmaligkeit hat es nicht.«[11] Doch nicht nur bei den Reinkarnationslehren von Buddhismus und Hinduismus, sondern auch im Islam und in der jüdischen Religion bestehen keine grundsätzlichen Einwände gegen die genannten Biotechnologien[12]. Anders ist dies bekanntlich im Christentum, aber wiederum keineswegs flächendeckend oder einheitlich, wenn man etwa an die liberalen Positionen der schottischen reformierten Kirche oder der anglikanischen Kirche denkt[13].

Nur im Katechismus und den lehramtlichen Verlautbarungen der römisch-katholischen Kirche findet sich eine schneidend klare Ablehnung moderner biotechnologischer Praktiken, angefangen von der assistierten Reproduktion über die verbrauchende Embryonenforschung bis hin zur PID. Von fundamentaler Bedeutung ist insofern eine Instruktion der Kongregation für Glaubenslehre aus dem Jahre 1987, deren Präfekt Joseph Kardinal Ratzinger, der spätere Papst Benedikt XVI., war[14]. In dieser Instruktion wird *jedem* Stadium der vorgeburtlichen Entwicklung (Zygote, Prä-Embryo, Embryo oder

---

[10] *J. Schlieter*, Das Karma der Klone, in: FAZ Nr. 2 v. 3. Januar 2003, S. 38. Vgl. ferner den Hinweis bei *R. Schröder*, Die Forschung an embryonalen Stammzellen, in: Berliner Theologische Zeitschrift 19 (2002), S. 280 ff. (283 f.). Auch hier wird man allerdings recht differenzierte Positionen und eine gewisse Vielfalt der Argumentationen in Rechnung zu stellen haben. Für eine erste Orientierung siehe *D. Keown*, Buddhism and Bioethics, 1995 (Nachdruck 2011), S. 65 ff. (Beginn des Lebens), 118 ff. (Embryonenforschung); *ders.*, Buddhism and bioethics, in: J. F. Peppin (ed.), Religious Perspectives in Bioethics, 2004, S. 173 ff.

[11] *H. v. Stietencron*, Art. Religionen und Bioethik (4. Hinduismus), in: H. Korff (Hrsg.), Lexikon der Bioethik, Bd. III, 1998, S. 192 ff. (194).

[12] Siehe dazu bei und in Fn. 70.

[13] Zur Haltung der schottischen Kirche siehe den instruktiven Artikel von *D. Bruce*, Warum wir dem »therapeutischen Klonen« zustimmen, in: FAZ Nr. 178 v. 3.8.2001, S. 43.

[14] »Instruktion der Kongregation für die Glaubenslehre über die Achtung vor dem beginnenden menschlichen Leben und die Würde der Fortpflanzung« vom 10. März 1987 (= Verlautbarungen des Apostolischen Stuhls 74), hrsgg. vom Sekretariat der Deutschen Bischofskonferenz, 5., redaktionell überarbeitete Auflage 2000, S. 14 ff. – Siehe aus jüngerer Zeit insbesondere die »Instruktion der Kongre-

Fötus) die gleiche ethische Bedeutung zugemessen[15]; ihr gemäß muß vom »Augenblick der Empfängnis an ... jedes menschliche Wesen in absoluter Weise geachtet«[16] und muß jedes menschliche Wesen »vom ersten Augenblick seines Daseins an geachtet werden«[17]. Das kulminiert in der kategorischen Feststellung: »Die in vitro gezeugten Embryonen sind menschliche Wesen und Rechtssubjekte: Ihre Würde und ihr Recht auf Leben müssen schon vom ersten Augenblick ihrer Existenz an geachtet werden.«[18] Diese Einforderung von Achtung beschränkt sich dann keineswegs auf die moralische Praxis gläubiger Individuen, sondern richtet sich in direkt fordernder Weise an die staatliche Gewalt: erforderlich sei »das Eingreifen der politischen Autoritäten und des Gesetzgebers«, wohingegen der »Verweis auf das Gewissen jedes einzelnen und auf die Selbstbeschränkung der Forscher« nicht ausreichen könne[19]. Aufgrund der hierarchischen Struktur der katholischen Kirche und der Autorität des Lehramtes gibt es zu diesen Festlegungen sozusagen innerkirchlich keine Alternative. Gleichwohl fällt auch hier das Bild differenzierter aus, wenn man die Haltung einiger katholischer Moraltheologen berücksichtigt,

---

gation für die Glaubenslehre über einige Fragen der Bioethik« vom 8. September 2008. Erwähnung findet die Biotechnologie auch in der Sozialenzyklika »Caritas in Veritate« vom 29. Juni 2009, Abs. 75. Im Kapitel »Die Entwicklung der Völker und die Technik« wendet sich die Enzyklika gegen eine »materielle und mechanistische Auffassung des Lebens«, der Entwicklungen wie »In-vitro-Fertilisation, Embryonenforschung, Möglichkeiten des Klonens und der Hybridisierung des Menschen« zur Förderung einer neuen »Kultur des Todes« (auch im Original in Anführungsstrichen) zu Dienste stünden. – Alle Texte sind bequem abrufbar unter: www.vatican.va.

[15] Instruktion (Fn. 14), S. 5 (Vorwort*).

[16] Instruktion (Fn. 14), S. 13.

[17] Instruktion (Fn. 14), S. 14. Und nochmals S. 15: »Deshalb erfordert die Frucht der menschlichen Zeugung vom ersten Augenblick ihrer Existenz an, also von der Bildung der Zygote an, jene unbedingte Achtung, die man dem menschlichen Wesen in seiner leiblichen und geistigen Ganzheit sittlich schuldet. Ein menschliches Wesens muß vom Augenblick seiner Empfängnis an als Person geachtet und behandelt werden ...«

[18] Instruktion (Fn. 14), S. 20.

[19] Instruktion (Fn. 14), S. 37.

die jene kategorische Ablehnung von PID, Stammzellforschung und anderen humangenetischen Techniken nicht teilen[20].

Offen pluralistisch, man könnte auch sagen: gespalten präsentiert sich schließlich die Evangelische Kirche in Deutschland. Hier wird der Dissens für alle sichtbar. Das geschieht nicht nur durch einzelne und klar gegensätzliche Stimmen – im Nationalen Ethikrat seinerzeit durch Bischof Wolfgang Huber einerseits, den evangelischen Theologen Richard Schröder andererseits[21] – oder durch den von neun protestantischen Theologen 2002 in der Frankfurter Allgemeinen Zeitung formulierten Widerspruch gegen die von der EKD-Kirchenleitung formulierte Position, die sich mit der katholischen weitgehend deckte[22]. Stärker noch manifestiert sich dies in der im selben Jahre von der Kammer für öffentliche Verantwortung verabschiedete »Argumentationshilfe für aktuelle medizin- und bioethische Fragen« (so der Untertitel; der Haupttitel lautete »Im Geist der Liebe mit dem Leben umgehen«). Hier gelangte man in den wesentlichen Fragen nicht zu einer einmütigen, von allen getragenen Position, sondern gab die unterschiedlichen Argumentationslinien pro und contra

---

[20] Solche differenzierenden Argumentationen stammen etwa von dem Münchner Moraltheologen Konrad Hilpert. Siehe etwa drei seiner Beiträge in einem von ihm herausgegebenen Sammelband: *K. Hilpert*, in: ders. (Hrsg.), Forschung contra Lebensschutz?, 2009, S. 14 ff. (Der Streit um die Stammzellforschung), 120 ff. (Kirchliche Stellungnahmen zum Embryonenschutz), 356 ff. (Ein paradigmatischer Konflikt?); auf der gleichen Linie etwa *S. Goertz*, Die Würde des Kompromisses, ebd., S. 279 ff.; differenzierend zur Stichtagsregelung *S. Ernst*, Mitschuld am Embryonenverbrauch?, ebd., S. 297 ff.

[21] Deutlich sichtbar etwa schon in der ersten Stellungnahme: *Nationaler Ethikrat*, Stellungnahme zum Import menschlicher embryonaler Stammzellen, 2001.

[22] *R. Anselm u. a.*, Starre Fronten überwinden. Eine Stellungnahme evangelischer Ethiker zur Debatte um die Embryonenforschung, in: R. Anselm / U. H. J. Körtner (Hrsg.), Streitfall Biomedizin, 2003, S. 197 ff. (eine gekürzte Version war zuvor unter dem Titel »Pluralismus als Markenzeichen« erschienen in der FAZ Nr. 19 v. 23.1.2002, S. 8). – Die Vielfalt evangelischer Positionen wird besonders deutlich, wenn man die in dem Sammelband abgedruckten Beiträge von *Johannes Fischer* (Die Schutzwürdigkeit menschlichen Lebens in christlicher Sicht), *Reiner Anselm* (Die Kunst des Unterscheidens) sowie *Klaus Tanner* (Vom Mysterium des Menschen) einerseits, die Abhandlung von Bischof *Wolfgang Huber* (Das Ende der Person, in: H. Dreier / W. Huber, Bioethik und Menschenwürde, hrsgg. v. H.-R. Reuter, 2002, S. 51 ff.) andererseits in den Blick nimmt.

wieder[23]. Nicht anders als in den Stellungnahmen des Nationalen Ethikrates kam man also über ein gespaltenes Votum nicht hinaus[24]. Der Zwist wurde gleichsam amtlich in Gestalt eines binnenkonfessionellen Pluralismus dokumentiert. Dies alles demonstriert im übrigen in aller Deutlichkeit die notorische Unschärfe und Unbrauchbarkeit der in den bioethischen Kontroversen gern angerufenen Formel vom »christlichen Menschenbild«[25].

Pluralismus also, wohin man auch schaut. Dieser allgegenwärtige Pluralismus läßt sich ohne weiteres praktizieren, solange sich die entsprechenden Freiheitsbetätigungen sozusagen nicht ins Gehege kommen, sondern friedlich koexistieren. Jeder solle eben denken oder glauben, was er mag, könnte man meinen. Freilich: »Leicht beieinander wohnen die Gedanken, doch hart im Raume stoßen sich die Sachen.«[26] Konkret gesprochen: Es liegt auf der Hand, daß die offene Vielfalt, Divergenz und Konkurrenz unterschiedlicher Freiheitsaktivitäten sich nicht im Zustand prästabilierter Harmonie befindet. Vielmehr bedarf es dazu der Regulierung. Der Gedanke von Grundrechten, die allen gleichermaßen zustehen, muß sich dem Umstand stellen, daß die reale Ausübung dieser Freiheit durch die Grundrechtsträger zu Konflikten führen kann[27]. Sie können mit anderen Grundrechten oder Verfassungsgütern kollidieren und sind daher kompatibilisierungsbedürftig. Diese Konflikt- und Kollisions-

---

[23] Im Geist der Liebe mit dem Leben umgehen. Argumentationshilfe für aktuelle medizin- und bioethische Fragen (= EKD-Texte 71), 2002, insb. Abschnitte 3. und 5.

[24] Subtile Analyse der Stellungnahmen des Nationalen Ethikrates bei *Wahl*, Rolle (Fn. 1), S. 551 ff.

[25] Kritische Rekapitulation bei *F. W. Graf*, Missbrauchte Götter, 2009, S. 133 ff.; desgleichen *H. Hofmann*, Methodische Probleme der juristischen Menschenwürdeinterpretation, in: I. Appel / G. Hermes (Hrsg.), Mensch – Staat – Umwelt, 2008, S. 47 ff. (54 ff.).

[26] *Friedrich Schiller*, Wallensteins Tod. II, 2.

[27] Eingehend zu den im folgenden Abschnitt nur kurz angerissenen Grundrechtskonflikten, die man präziser »Freiheitsausübungskonflikte« nennen sollte: *J. Isensee*, Das Grundrecht als Abwehrrecht und als staatliche Schutzpflicht, in: ders. / P. Kirchhof (Hrsg.), Handbuch des Staatsrechts der Bundesrepublik Deutschland, 3. Aufl., Bd. IX, § 191 Rn. 1 ff., 123 ff., 138 ff.; *R. Wahl / J. Masing*, Schutz durch Eingriff, in: JZ 1990, S. 553 ff. (556 ff.).

trächtigkeit von Freiheitsausübungen sowie ganz allgemein der Regelungsbedarf komplexer moderner Gesellschaften erfordern für alle geltende und normativ verbindliche Regelungen. Eine verbindliche Rechtsordnung für alle auf der Grundlage pluraler Vielfalt zu schaffen – darin besteht die keineswegs leicht zu bewältigende Aufgabe[28].

2. Demokratische Mehrheitsentscheidung

In der modernen Demokratie wird diese Koordinierungsaufgabe im wesentlichen durch den Erlaß allgemeiner, für alle geltender Gesetze erfüllt. Dabei ist die Ausübung der Legislativfunktion entweder Sache gewählter Vertretungskörperschaften oder des (Aktiv-)Volkes selbst. Lapidar statuiert beispielsweise Art. 72 der Bayerischen Verfassung: »Die Gesetze werden vom Landtag oder vom Volk (Volksentscheid) beschlossen.« Und wenn es dort in Art. 2 nach dem Satz »Das Volk tut seinen Willen durch Wahlen und Abstimmung kund« denkbar knapp, aber erschöpfend heißt: »Mehrheit entscheidet«, dann ist damit der zentrale Grundsatz genannt: Legislative Entscheidungen fallen in der Demokratie nach dem Mehrheitsprinzip[29]. Das heißt vor allem: sie fallen nach den ganz unterschiedlichen Präferenzen, die die Bürger als Wähler oder Stimmberechtigte bzw. die ihre Repräsentanten hegen.

Dabei gibt es keine Rücksicht auf die Motive der Abstimmenden, keine wertende Stufung zwischen den verschiedenen Welt-

---

[28] Es markiert gerade den zentralen Unterschied zwischen dem Staat der frühen Neuzeit, der auch und gerade in konfessioneller Hinsicht auf dem Gedanken substantieller Einheit gegründet war (*un roi, une loi, une foi*), und dem freiheitlichen Verfassungsstaat unserer Tage, daß dieser Vielfalt und Pluralität zuläßt und offen als seine Voraussetzung anerkennt. Vertiefend *H. Dreier*, Der freiheitliche Verfassungsstaat als riskante Ordnung, in: Rechtswissenschaft 1 (2010), S. 11 ff.

[29] Zu dessen Begründung und Legitimität *W. Heun*, Das Mehrheitsprinzip in der Demokratie, 1983; *H. Hofmann / H. Dreier*, Repräsentation, Mehrheitsprinzip und Minderheitenschutz, in: H.-P. Schneider / W. Zeh (Hrsg.), Parlamentsrecht und Parlamentspraxis, 1989, § 5 Rn. 48 ff.; *J. Krüper*, Das Glück der größten Zahl – Zum Mehrheitsprinzip als Funktionsregel im Verfassungsstaat, in: ZJS 2 (2009), S. 477 ff.; historisch und kulturvergleichend umfassend nunmehr *E. Flaig*, Die Mehrheitsentscheidung, 2013.

anschauungen oder politischen Strömungen. »Demokratie schätzt den politischen Willen jedermanns gleich ein«, sagt Hans Kelsen in seiner Demokratieschrift, und fügt hinzu: »Darum gibt sie jeder politischen Überzeugung die gleiche Möglichkeit, sich zu äußern und im freien Wettbewerb um die Gemüter der Menschen sich geltend zu machen.«[30] Jede Stimme zählt gleich – gleichviel, ob ihre Abgabe nun altruistisch oder egoistisch motiviert ist, ob ihr hohe moralische Werte oder krude Interessenstrategien zugrunde liegen, ob sie von einem eher schlichten Gemüt oder einem Nobelpreisträger, einem gläubigen Christen oder einem Atheisten stammt. Eine irgendwie durchsetzbare oder rechtlich verankerte »Gemeinwohlpflicht« des Bürgers bei der Ausübung der Wahl- und Stimmrechte kennt das Grundgesetz nicht[31], ebensowenig eine Identifikationspflicht des Einzelnen mit den Wertentscheidungen der Verfassung im Sinne einer Gesinnungstreue oder anderer »Identitätszumutungen«[32].

Das Mehrheitsprinzip greift auch und gerade bei Entscheidungen des parlamentarischen Gesetzgebers, nicht anders aber bei Abstimmungen durch Volksentscheid. Mehrheit entscheidet! Und wenn diese ein Gesetz beschließt, das eindeutig die Interessen einer bestimmten Gruppe bedient oder bestimmten partikularen religiösen oder weltanschaulichen Vorstellungen folgt, dann ist dagegen zunächst nichts einzuwenden, sondern das Ergebnis vielmehr als demokratisches Votum hinzunehmen. Der vorausgesetzte demokratische Pluralismus schlägt sozusagen in den Entscheidungen der Repräsentanten (oder der Bürger selbst) durch – und soll dies im Grunde auch. Denn das Faktum des Pluralismus ist in modernen freiheitlichen Gesellschaften ein Grundtatbestand, angesichts dessen kontrovers beurteilte Problemkonstellationen (von den Auslandseinsätzen der

---

[30] *H. Kelsen*, Vom Wesen und Wert der Demokratie, 2. Aufl. 1929, S. 101.

[31] Zuletzt nachdrücklich *B. J. Hartmann*, Eigeninteresse und Gemeinwohl bei Wahlen und Abstimmungen, in: AöR 134 (2009), S. 1 ff. (4 f. u. ö.). Allgemein zu fehlenden heteronomen Zweckbindungen grundrechtlicher Freiheit und dem um dieser Freiheit willen eingegangenen »Risiko« des freiheitlichen Staates *Dreier*, Verfassungsstaat (Fn. 28), S. 21 ff., 28 f.

[32] Terminus bei *A. v. Bogdandy*, Europäische und nationale Identität: Integration durch Verfassungsrecht?, VVDStRL 62 (2003), S. 156 ff. (174 ff., 178 ff., 182); zur Sache näher *Dreier*, Verfassungsstaat (Fn. 28), S. 21 ff.

Bundeswehr über Steuertarife bis hin zu Zukunftsfragen der Energiegewinnung, von Eurorettungsschirmen über Kindergeldsätze bis hin zum Tierschutz) nicht anders als nach dem demokratischen Prinzip der Mehrheitsentscheidung bewältigt bzw. geregelt werden können.

So betrachtet ist das Mehrheitsprinzip ein Mechanismus zur gleichsam statistischen Ermittlung der jeweils stärkeren Kräfte, eine Art Sicherung der Autonomie der größeren Zahl. Die staatliche Gemeinschaft als ein Körper muß sich, wie John Locke es formuliert hat,»notwendigerweise dahin bewegen, wohin die stärkere Kraft ihn treibt. Und eben das ist die Übereinstimmung der Mehrheit«[33].

3. Vorrang der Verfassung

Der ebenso schlichte wie klare Befund lautet bislang also: Es gibt gesellschaftlichen Pluralismus und entsprechend divergente Auffassungen zu fast allen Fragen des staatlichen und sozialen Lebens und seiner Ordnung; die für alle Bürger verbindlichen Normen bedürfen vor diesem Hintergrund zu ihrer Legitimität einer demokratischen Mehrheitsentscheidung. Damit könnte es eigentlich sein Bewenden haben. Dies aber nur bei unterstellter Schrankenlosigkeit legislativer Regelungsmacht. Denn die Dinge komplizieren sich erheblich, wenn dem Gesetzgeber, der nach dem Mehrheitsprinzip entscheidet, eine Verfassung[34] übergeordnet ist, die auch ihn bindet, ihm gegenüber

---

[33] *John Locke*, The Second Treatise of Government (1681/1689), § 96: »For when any number of men have, by the consent of every individual, made a community, they have thereby made that community one body, with a power to act as one body, which is only by the will and determination of the majority. For that which acts any community being only the consent of the individuals of it, and it being necessary to that which is one body to move one way, it is necessary the body should move that way wither the greater force carries it, which is the consent of the majority …«. (zitiert nach: *John Locke*, Political Writings, edited and with an Introduction by David Wootton, London 1993, S. 310). Für Deutschland vgl. die jetzt maßgebliche Ausgabe: *John Locke*, Zweite Abhandlung über die Regierung. Mit Kommentar von Ludwig Siep (Suhrkamp Studienbibliothek 7), 2007 (hier: S. 82f.).

[34] Im folgenden geht es vor allem um den Typus moderner, westlicher Verfassungen nach Art des Grundgesetzes. Zum begrifflichen wie historischen

Vorrang genießt[35]. Und genau dies ist nun mit der prominenten
Ausnahme ausgerechnet Großbritanniens in den modernen Verfas-
sungsstaaten durchweg der Fall. Vorrang der Verfassung bedeutet,
wie man in der französischen und amerikanischen Revolution plastisch formuliert hat, daß die Verfassung eine Art »Gesetz für den
Gesetzgeber« bildet[36]. Dieser ist nicht mehr ohne weitere Schranken
oder Bindungen allein aufgrund des Majoritätsprinzips entschei-
dungsmächtig, sondern sieht sich durch die höhere Normebene der
Verfassung begrenzt. Die Verfassung (möglicherweise mit einer eher
knappen Mehrheit und vor langer Zeit beschlossen), setzt sich im
Konfliktfall gegen jede noch so überwältigende Mehrheit der hier
und heute Lebenden (sei es im Parlament, sei es bei einem Volksentscheid) durch – allein durch eine Revision der Verfassung selbst
können deren Vorgaben verändert werden. Abgesehen von dieser
Möglichkeit geht die Verfassung als *lex superior* der demokratischen
Mehrheitsentscheidung des einfachen Gesetzgebers im Konfliktfall
vor. In Deutschland ist dieser Vorrang der Verfassung in Art. 1 Abs. 3
GG klar und deutlich formuliert und wird vom Bundesverfassungsgericht wirkungsvoll umgesetzt[37].

Spektrum siehe *P. Badura*, Art. Verfassung, in: Evangelisches Staatslexikon, 3.
Aufl. 1987, Sp. 3737 ff.; *H. Hofmann*, Zu Entstehung, Entwicklung und Krise des
Verfassungsbegriffs, in: Verfassung im Diskurs der Welt. Liber amicorum für
Peter Häberle zum 70. Geburtstag, 2004, S. 157 ff.; *H. Dreier*, Art. Verfassung,
in: H. J. Sandkühler (Hrsg.), Enzyklopädie Philosophie, Bd. III, 2010, S. 2867 ff.
[35] Zum Vorrang der Verfassung siehe *R. Wahl*, Vorrang der Verfassung, in:
Der Staat 20 (1981), 485 ff.; *P. Unruh*, Der Verfassungsbegriff des Grundgesetzes,
2002, S. 80 ff., 155 ff.; *C. Winterhoff*, Verfassung – Verfassunggebung – Verfassungsänderung, 2007, S. 110 ff. – Verfassungs- und theoriegeschichtlich vertiefend
H. Hofmann, Zur Idee des Staatsgrundgesetzes, in: ders., Recht – Politik – Verfassung, 1986, S. 261 ff.; *C. H. Schmidt*, Vorrang der Verfassung und konstitutionelle
Monarchie, 2000.
[36] Näher *H. Dreier*, Gilt das Grundgesetz ewig?, 2009, S. 15 ff., 24 ff.
[37] Siehe nur *F. V. Lange*, Grundrechtsbindung des Gesetzgebers, 2010, S. 38 f.,
89 ff. Knapp *H. Dreier*, Deutschland, in: A. v. Bogdandy/P. Cruz Villalon/
P. M. Huber (Hrsg.), Handbuch Ius Publicum Europaeum, Bd. I, 2007, § 1 Rn. 87
(mit Hinweis auf besonders wichtige Fälle der Verwerfung von Parlamentsgeset-
zen durch das Bundesverfassungsgericht).

Die Konsequenz des Vorranges der Verfassung liegt auf der Hand. Jetzt reicht die bloße Artikulation unterschiedlicher Auffassungen, Interessen und Einstellungen und ihre zahlenmäßige Erfassung nach dem Mehrheitsprinzip nicht mehr hin. Der Gesetzgeber verfügt nicht länger über eine normativ unbeschränkte Gestaltungsmacht, wie sie sich im englischen System der Parlamentssouveränität weltweit fast singulär bis heute erhalten hat[38]. Stattdessen bekommt er eine Aufgabe zugewiesen – seine Normsetzung so zu gestalten, daß sie sich im Rahmen der Verfassung hält und deren Direktiven umsetzt. Daher hat ein mit noch so großer Mehrheit gefaßter Gesetzesbeschluß keinen Bestand, wenn er gegen Normen der höherrangigen Verfassung verstößt. Eine besonders prominente Rolle spielen hier natürlich die Grundrechte, die der Gesetzgeber zwar einschränken, aber eben nicht verletzen darf[39]. Insofern trifft ihn für Eingriffe in die Grundrechtssphäre eine Rechtfertigungslast. Eine Grundrechtsverletzung stellt nur der nicht rechtfertigungsfähige Eingriff dar[40].

4. Ethische Neutralität des Staates

Die verhältnismäßige Einschränkung der Grundrechte zum Zwecke ihrer größtmöglichen Realisierung und der Kompatibilisierung von Freiheitsbetätigungen stellt durchweg eine komplexe und vielschichtige Aufgabe dar. Dabei gewinnt ein wichtiges, wenngleich zuweilen etwas schillerndes Prinzip Bedeutung, nämlich das der weltanschaulichen und religiösen Neutralität des Staates, oft als dessen »ethische Neutralität« zusammengefaßt[41]. In nicht geringem Umfang verbirgt

---

[38] Instruktiv G. *Sydow*, Parlamentssuprematie und *Rule of Law*, 2005.

[39] Im Überblick K. *Stern*, Die Grundrechte und ihre Schranken, in: FS 50 Jahre Bundesverfassungsgericht, Bd. II, 2001, S. 1 ff.; H. *Dreier*, Vorbemerkungen vor Art. 1 GG, in: ders. (Hrsg.), Grundgesetz-Kommentar, Bd. I, 2. Aufl. 2004, Rn. 119 ff.; F. *Hufen*, Staatsrecht II. Grundrechte, 3. Aufl. 2011, § 8 Rn. 1 ff., § 9 Rn. 2 ff., 14 ff.

[40] Ausnahme: Art. 1 Abs. 1 GG (Menschenwürdegarantie). Hier stellt jeder Eingriff (»Antastung«) automatisch eine Verletzung dar. Dazu unter III.1.

[41] Grundlegend K. *Schlaich*, Neutralität als verfassungsrechtliches Prinzip, 1972; S. *Huster*, Die ethische Neutralität des Staates, 2002. Siehe aus jüngerer

sich dahinter nur die Kehrseite der allgemeinen Religions- und Welt-
anschauungsfreiheit des Grundgesetzes nebst den Gleichheitsga-
rantien, ohne daß sich die Neutralitätsanforderung in der Funktion
einer bloßen »Reflexfigur« subjektiver Einzelgrundrechte erschöpfen
würde[42]. Die Rede von der »Nichtidentifikation«[43] des Staates mit
einer bestimmten Religion oder Weltanschauung trifft den entscheidenden Punkt ziemlich genau. Es gibt keine Staatskirche mehr, der
Staat des Grundgesetzes ist, ungeachtet aller kulturellen Prägungen,
normativ kein christlicher Staat, sondern ein säkularer: Als solcher
muß er nach der etwas altfränkisch klingenden Formulierung des
Bundesverfassungsgerichts »Heimstatt aller Staatsbürger«[44] sein. Das
hat konkrete Folgen: Der Staat darf Freiheitseinschränkungen für alle
nicht allein deswegen statuieren, weil sie den Anschauungen und
Glaubenssätzen einer bestimmten religiösen oder weltanschaulichen
Gruppe entsprechen[45]. Das für alle geltende Gesetz muß von einer
Begründung getragen bzw. in einer Weise begründbar sein, daß es
allgemein akzeptiert werden kann, ohne die weltanschaulichen oder

---

Zeit *J. Krüper*, Die grundrechtlichen Grenzen staatlicher Neutralität, in: JöR 53
(2005), S. 79 ff.; *C. Polke*, Öffentliche Religion in der Demokratie, 2009; *Waldhoff*,
Religionskonflikte (Fn. 7), S. 42; *ders.*, Was bedeutet religiös-weltanschauliche
Neutralität des Staates?, in: M. Honecker (Hrsg.), Gleichheit der Religionen im
Grundgesetz?, 2011, S. 17 ff.

[42] Gerade die historische Entwicklung zeigt deutlich, daß erste Schritte zur
Säkularisierung des Staates realisiert wurden, ohne daß der individualistische
Grundrechtsgedanke schon seinen Siegeszug angetreten hätte: *Dreier*, Säku-
larisierung (Fn. 7), S. 74 ff., 82 ff.; kritisch zur Rede von der »Reflexfigur« bei
Möllers, Religiöse Freiheit (Fn. 8), S. 58 auch *H. M. Heinig*, Verschärfung der oder
Abschied von der Neutralität?, in: JZ 2009, S. 1136 ff. (1140).

[43] Er geht zurück auf *Herbert Krüger*, Allgemeine Staatslehre, 1964, S. 178 ff.

[44] Formulierung: BVerfGE 19, 206 (216); 108, 282 (299).

[45] In prägnanter Kürze *S. Huster*, Der Grundsatz der religiös-weltanschaulichen Neutralität des Staates – Gehalt und Grenzen, 2004, S. 6 ff. (8): staatliche
»Maßnahmen dürfen nicht mit der Wahrheit oder Vorzugswürdigkeit einer
religiös-weltanschaulichen Überzeugung begründet werden, die in einer plu-
ralistischen Gesellschaft permanent umstritten ist.« Eingehend zum Konzept
der Begründungsneutralität *ders.*, Neutralität (Fn. 41), S. 93 ff. u. ö.; *S. Korioth*,
Freiheit der Kirchen und Religionsgemeinschaften, in: D. Merten / H.-J. Papier
(Hrsg.), Handbuch der Grundrechte in Deutschland und Europa, Bd. IV, 2011,
§ 97 Rn. 6 ff.

18   *II. Grundsatzdiskurs: Verfassungstheoretische Koordinaten*

religiösen Prämissen einer partikularen Gruppe teilen zu müssen. Der protestantische Theologe Martin Honecker hat das eindringlich und plastisch formuliert:»Das Recht hat nicht religiöse oder weltanschauliche Wertvorstellungen durchzusetzen. (…) Dabei hat das staatliche Recht zwar durchaus religiösen Überzeugungen und weltanschaulicher Weltdeutung Raum zu lassen. (…) Aber ethische Überzeugungen kann der weltliche Staat rechtlich nur dann verbindlich machen, wenn sie für jedermann einsichtig und das heißt universalisierbar sind. (…) Spezifisch theologische oder religiöse Argumente und Überzeugungen sind hier nicht tragend und entscheidend. (…) Das Recht kann sich nicht auf theologische Gründe berufen und begründen.«[46] Umgekehrt haben staatliche Verbote Rücksicht auf religiöse Überzeugungen zu nehmen, was sich aus dem allgemeinen Freiheitsgedanken ergibt. Klar sollte dabei sein, daß mit ethischer Neutralität nicht eine sachliche Inhaltsleere oder das Fehlen materieller Wertkomponenten der staatlichen Normen gemeint ist[47]. Die tiefe kulturelle Prägung unserer Rechtsordnung, auch und gerade durch das Christentum und namentlich die Kanonistik, steht ohnehin außer Frage[48]. Allerdings müssen sich heute diejenigen Normen, die ihre Genese originär christlichem Denken verdanken, im freiheitlichen Verfassungsstaat säkular rechtfertigen lassen und können ihre Verbindlichkeit nicht auf ihre religiöse Herkunft stützen. Auch wenn die säkulare Rechtfertigung gelingt und die betreffende Norm unverändert Bestand hat, ruht sie nun auf einem anderen Fundament. Das bedeutet: Das Konzept der ethischen Neutralität

---

[46] *M. Honecker*, Wie tragfähig sind theologische Argumente in der bioethischen Debatte?, in: FS Link, 2003, S. 669 ff. (672): Zur »Säkularisierung der Normenbegründung« vertiefend *T. Gutmann u.a.*, Einleitung, in: L. Siep u.a. (Hrsg.), Von der religiösen zur säkularen Begründung staatlicher Normen, 2012, S. 1 ff. (22 ff.).

[47] In diese Richtung aber *Möllers*, Religiöse Freiheit (Fn. 8), S. 57. – Ein ähnlicher Irrtum erfolgte schon bei der Rezeption von Max Webers Wertfreiheitspostulat; eingehend dazu *H. Dreier*, Max Webers Postulat der Wertfreiheit in der Wissenschaft und die Politik, in: ders./D. Willoweit (Hrsg.), Wissenschaft und Politik, 2010, S. 35 ff.

[48] Siehe nur *H. Berman*, Recht und Revolution, 1991, S. 144 ff., 272 ff., 327 ff. u. ö.; *W. Reinhard*, Geschichte der Staatsgewalt, 1999, insb. S. 259 ff., 281 ff.; *H. Dreier*, Kanonistik und Konfessionalisierung, in: JZ 2002, S. 1 ff.

des Staates impliziert nicht die unmögliche Idee einer wertungsaske-
tischen Normsetzung, sondern insistiert auf der Notwendigkeit ihrer
säkularen Begründung bzw. Begründbarkeit und dem Ausschluß
eines unmittelbaren Durchgriffs religiöser Imperative bei der inhaltlichen Gestaltung. Unmöglich ist eine Wertungsaskese auch außerhalb des Feldes religiöser Vorprägungen schon deswegen, weil sich
Rechtsnormen ja gerade dadurch auszeichnen, daß sie bestimmte
inhaltliche, materielle Vorstellungen und Zielsetzungen verbindlich
machen, die kausalgenetisch durch sehr verschiedene Wirkfakto-
ren motiviert sein können. »Die Gesetze sind die Resultanten der
in jeder Rechtsgemeinschaft einander gegenübertretenden und um
Anerkennung ringenden Interessen materieller, nationaler, religiöser
und ethischer Richtung.«[49] An der prinzipiellen Richtigkeit dieser im
Jahre 1914 von Philipp Heck getroffenen Feststellung hat sich seither
nichts geändert. Geändert hat sich allein, daß der Dezisionismus des
realen normativen Setzungsprozesses mit bestimmten inhaltlichen
Präferenzen seine Grenze an entgegenstehenden Normen des Verfassungsrechts findet.

5. Gestaltungsspielraum des Gesetzgebers

Freilich erteilt das Grundgesetz dem Gesetzgeber mit dem Ausgleich
konkurrierender Güter und Ansprüche nicht nur eine schwierige
Aufgabe, sondern beläßt ihm auch ein gerüttelt' Maß an Freiheit bei
deren Erfüllung. Das zeigen schon die Gesetzesvorbehalte, die vielen

---

[49] *P. Heck*, Gesetzesauslegung und Interessenjurisprudenz, in: AcP 112 (1914),
S. 1 ff. (17). Nicht anders sieht das entgegen hartnäckigen Legenden auch ein
Rechtspositivist wie Hans Kelsen, für den die soziale Bestimmung und Bedingt-
heit des Rechts eine schlichte Selbstverständlichkeit darstellt und der immer
wieder darauf hingewiesen hat, daß die positivistische These der Trennung von
Recht und Moral eben nicht die Leugnung des auf bestimmten moralischen,
religiösen, ökonomischen, politischen oder sonstigen Motiven und Erwägungen
beruhenden Inhalts der Rechtsnormen bedeutet; als ein Beispiel von vielen
H. Kelsen, Allgemeine Staatslehre, 1925, S. 21. Näher dazu *H. Dreier*, Rechtslehre,
Staatssoziologie und Demokratietheorie bei Hans Kelsen (1986), 2. Aufl. 1990,
S. 113 ff.

einzelnen Grundrechten explizit beigefügt und auch bei den sog. vorbehaltlosen Grundrechten von Belang sind[50]. Die Rede von der »Gestaltungsfreiheit« des Gesetzgebers, seiner »Einschätzungsprärogative« oder seinem »Spielraum« bringt dieses Element deutlich zum Ausdruck[51]. Das eingangs statuierte Moment des Dezisionistischen, des schlichten numerischen Abgleichs unterschiedlicher Positionen ohne Ansehung ihrer Validität oder gar Dignität geht auch im Verfassungsstaat nicht völlig verloren, sondern stellt unverändert das originäre Betätigungsfeld demokratischer Entscheidungsfindung nach dem Mehrheitsprinzip dar. Ferner verlangt die ethische Neutralität des Staates den Vertretern des Volkes nicht ab, sich ihrer religiösen, weltanschaulichen oder interessensmäßigen Bindungen und Identifikationen zu entledigen. Eine Art von ethischer Neutralisierung der Abgeordneten ist weder erwartet noch intendiert. Wenn Art. 38 Abs. 1 Satz 2 GG davon spricht, daß die Abgeordneten Vertreter des ganzen Volkes sind, so ist damit nicht die offenkundig realitätswidrige Verpflichtung jedes einzelnen Abgeordneten auf eine Art Gesamtrepräsentation für den weltanschaulich neutralen Staat gemeint. Für den Großteil der gesetzgeberischen Akte gilt hingegen praktisch ohne Einschränkung, daß das Grundgesetz auf den Ab- und Ausgleich der pluralen Kräfte vertraut und sich das Gemeinwohl gerade aus dem Kampf der Interessen und dem Wettbewerb der politischen Kräfte ergibt. Allerdings stößt die so dimensionierte Entscheidungstätigkeit des einfachen Gesetzgebers dann an eine Grenze, wenn die Vorgaben der Verfassung verletzt werden. Die Vermessung

---

[50] Näher *Dreier* (Fn. 39), Vorbemerkungen Rn. 134 ff.; *G. Hermes*, Grundrechtsbeschränkungen auf Grund von Gesetzesvorbehalten, in: D. Merten / H.-J. Papier (Hrsg.), Handbuch der Grundrechte in Deutschland und Europa, Bd. III, 2009, § 63 (S. 333 ff.). Siehe noch bei und in Fn. 134.

[51] Dazu eingehend *K. Meßerschmidt*, Gesetzgebungsermessen, 2000, S. 713 ff. In der Sache geht es bei diesen Formeln zumeist um die mehr oder minder große Kontrolldichte des Bundesverfassungsgerichts (deutlich *J. Wieland*, in: H. Dreier [Hrsg.], Grundgesetz-Kommentar, Bd. III, 2. Aufl. 2008, Art. 93 Rn. 37 ff.). Im Überblick dazu *K. Schlaich / S. Korioth*, Das Bundesverfassungsgericht, 9. Aufl. 2012, Rn. 532 ff. Monographisch *A. Bräunig*, Die Gestaltungsfreiheit des Gesetzgebers in der Rechtsprechung des Bundesverfassungsgerichts zur deutschen Wiedervereinigung, 2007; s. auch *Lange*, Grundrechtsbindung (Fn. 37), S. 244 ff.; kritisch zur Einschätzungsprärogative *Hufen*, Staatsrecht II (Fn. 39), § 35 Rn. 36, 51.

dieser Grenze in concreto ist indes alles andere als einfach. Das liegt nicht nur an der thematischen Weite und oft lapidaren Kürze zentraler Bestimmungen des Grundgesetzes mit allen daraus folgenden Interpretationsproblemen, sondern vor allem an der schwierigen Verflechtung von rahmensetzendem Verfassungs- und konkretisierendem Gesetzesrecht. Denn ein und dasselbe Grundgesetz statuiert, um ein Beispiel zu nennen, einerseits das Grundrecht auf Leben und körperliche Unversehrtheit (Art. 2 Abs. 2 GG), gewährt aber zugleich dem Gesetzgeber die Möglichkeit, in dieses Grundrecht einzugreifen – wobei unstreitig ist, daß diese Eingriffsmöglichkeit ihrerseits nicht wiederum schrankenlos sein darf, wenn der Vorrang der Verfassung nicht ins Leere laufen soll. Hier kommt dann dem Grundsatz der Verhältnismäßigkeit eine überragende Rolle zu[52].

Insgesamt finden wir also hochkomplexe Konstellationen vor, zumal die Einschränkung der Freiheitsrechte durch den Gesetzgeber nicht immer und nicht allein durch den notwendigen Ausgleich mit der Freiheitssphäre anderer motiviert sein muß, sondern auch objektiven Gemeinwohlbelangen des Staates oder anderer Schutzgüter geschuldet sein kann. Mit einer ausgesprochen vielschichtigen Lage haben wir es speziell im Bereich der Bioethik zu tun, für die an dieser Stelle repräsentativ die Felder der assistierten Reproduktion, der Präimplantationsdiagnostik, der Forschung an überzähligen Embryonen und an Stammzellen stehen mögen. Damit gehen wir zum ersten Anwendungsdiskurs über.

---

[52] Zu ihm aus der Überfülle der Literatur *H. Schulze-Fielitz*, in: H. Dreier (Hrsg.), Grundgesetz-Kommentar, Bd. II, 2. Aufl. 2006, Art. 20 (Rechtsstaat), Rn. 167 ff.; *Dreier*, Deutschland (Fn. 37), § 1 Rn. 130 ff.; *Hufen*, Staatsrecht II (Fn. 39), § 9 Rn. 14 ff.

III. Erster Anwendungsdiskurs: Verfassungsrechtliche Schutzgüter in der bioethischen Diskussion

Der bioethische Anwendungsdiskurs fragt danach, welche verfassungsrechtlichen Schutzgüter eigentlich betroffen sind, ob manche höheren Rang genießen als andere und wie eine verfassungsrechtlich tragfähige verhältnismäßige Zuordnung der betroffenen Schutzgüter auszusehen hätte. Abgesehen von der Fortpflanzungsfreiheit, die in der PID-Debatte eine prominente Rolle gespielt hat, wird im bioethischen Diskurs oft allein auf die Menschenwürde abgestellt. Das verkürzt die Problemkonstellation indes entscheidend, weil durchaus auch andere Normen mit Verfassungsrang von Belang sind. Hinzu treten das Grundrecht auf Leben und körperliche Unversehrtheit, das im übrigen entgegen verbreiteter Darstellung durchaus nicht nur *gegen* die moderne Biotechnologie ins Feld zu führen ist, sowie die Forschungsfreiheit. Alle drei genannten Rechtsgüter werden im folgenden einer kursorischen Prüfung auf ihre Relevanz für die bioethischen Konfliktfelder unterzogen.

1. Menschenwürde (Art. 1 Abs. 1 GG)

a) Normativer Höchstrang

Im Vordergrund der öffentlichen Diskussion steht ganz eindeutig Art. 1 Abs. 1 des Grundgesetzes, also die Garantie der unantastbaren Menschenwürde[53]. Deren Verletzung wird oft behauptet, weil man

---

[53] Bioethik und Menschenwürde gehört zu den häufigsten Begriffspaarungen bei der längst nicht mehr überschaubaren Literatur zum hier behandelten Themenkreis, wie die folgende kleine Auswahl zeigt: *K. Braun*, Menschenwürde und Biomedizin, 2000; H. Kress / H.-J. Kaatsch (Hrsg.), Menschenwürde, Medizin und Bioethik, 2000; *N. Knoepffler*, Menschenwürde in der Bioethik, 2004; M. Kettner (Hrsg.), Biomedizin und Menschenwürde, 2004; *D. Beyleveld*, Human Dignity in

als ihre Träger auch die frühen Embryonen ansieht[54], die noch im pränidativen Stadium von den genannten Maßnahmen betroffen sind: sei es durch ihre selektive Auswahl bei der PID, sei es durch die Entstehung überzähliger Embryonen bei der In-Vitro-Fertilisation, sei es durch die Zerstörung dieser überzähligen Embryonen bei der Forschung an ihnen. Und immer wieder ist zu hören und zu lesen, daß die Menschenwürdegarantie die in Deutschland geltenden, außerordentlich strengen Verbotsregeln des Embryonenschutz-Gesetzes und des Stammzell-Gesetzes zwingend und alternativlos gebietet, deren allgemeine oder auch nur partikulare Aufhebung oder Lockerung hingegen strikt untersagt. Wäre dem tatsächlich so, dann wären nicht allein dem einfachen Gesetzgeber die Hände gebunden, dann könnte vielmehr selbst ein von Bundestag und Bundesrat einstimmig verabschiedetes verfassungsänderndes Gesetz am status quo nichts ändern. Der Grund ist einfach: die Menschenwürde-Garantie des Art. 1 fällt unter die sog. Ewigkeitsklausel des Art. 79 Abs. 3 GG, der zufolge Änderungen des Grundgesetzes, die Grundsätze der Art. 1 und 20 GG berühren, ausgeschlossen sind. Wir befinden uns also in einer Art von verfassungsrechtlicher »Hochsicherheitszone«[55]: der Gesetzgeber, selbst der verfassungsändernde, sieht sich absolut gefesselt, wenn bestimmte Maßnahmen den Schutzgehalt der Menschenwürde tangieren[56]. Denn als zweite Besonderheit kommt hinzu, daß im Unterschied zu anderen Grundrechten bei der Menschen-

---

Bioethics and Biolaw, 2004; E. D. Pellegrino (ed.), Human Dignity and Bioethics, 2009; C. Foster, Human Dignity in Bioethics and Law, 2011.

[54] Repräsentativ für diese Position: C. Starck, in: H. v. Mangoldt / F. Klein / C. Starck (Hrsg.), Grundgesetz-Kommentar, 6. Aufl. 2010, Art. 1 Rn. 18 ff.; W. Höfling, in: M. Sachs (Hrsg.), Grundgesetz-Kommentar, 6. Aufl. 2011, Art. 1 Rn. 58 ff.; E. Picker, Menschenwürde und Menschenleben, 2002, insb. S. 129 ff.; E.-W. Böckenförde, Menschenwürde als normatives Prinzip, in: JZ 2003, S. 809 ff.; J. Kersten, Das Klonen von Menschen, 2004, S. 325 ff., 541 ff., 608; R. Müller-Terpitz, Der Schutz des pränatalen Lebens, 2007, S. 333 ff., 345 f., 569 ff.; C. Hillgruber, Es gibt keine Gleichheit im Unrecht, in: FAZ Nr. 82 v. 7.4.2011, S. 7. – Zur hier vertretenen Gegenposition siehe die Nachweise in Fn. 66.

[55] Dieser plastische Ausdruck findet sich bei U. Steiner, Der Schutz des Lebens durch das Grundgesetz, 1992, S. 12.

[56] H. Dreier, in: ders. (Hrsg.), Grundgesetz-Kommentar, Bd. I, 2. Aufl. 2004, Art. 1 I Rn. 43.

würde die Möglichkeit einer verfassungsmäßigen Einschränkung
entfällt. Bei allen anderen Grundrechten gilt: ein Eingriff bedeutet
noch nicht automatisch eine Verletzung des Grundrechts. Jedes andere Grundrecht kann legitimerweise eingeschränkt werden, wenn
bestimmte Anforderungen formeller und materieller Art erfüllt sind.
Bei der Menschenwürde stellt jede Einschränkung, jede Berührung,
jede Antastung unweigerlich einen Verstoß gegen Art. 1 Abs. 1 GG
dar, ohne daß sich die Möglichkeit einer verfassungsrechtlichen
Rechtfertigung böte[57]. Demgemäß hat das Bundesverfassungsgericht immer wieder deutlich gemacht, daß die Menschenwürde mit
keinem anderen Einzelgrundrecht oder sonstigem Verfassungswert
abwägungsfähig und insgesamt nicht relativierbar ist[58].

Diese Sonderstellung des Art. 1 GG erklärt das weit über Juri-
stenkreise und Juristendiskurse hinausreichende Interesse an dieser
Norm und ihrem Verständnis. Denn wenn es gelingt, bestimmte
biotechnologische Praktiken als Verstöße gegen die Menschenwürde des Grundgesetzes einzustufen, dann sind diese jedenfalls
in Deutschland auf ewig untersagt. Menschenwürdeargumente sind
eben »Gewinner-Argumente«[59].

b) Frühe Embryonen als Träger der Menschenwürde?

In Frage steht bei alledem im Kern weniger der sachliche Schutz-
bereich als der personale. Das soll heißen: darüber, was inhaltlich

---

[57] So jedenfalls die nach wie vor ganz h.M.: siehe nur *Dreier* (Fn. 56), Art. 1
I Rn. 44; *C. Enders*, in: K. Stern / F. Becker (Hrsg.), Grundrechte-Kommentar,
2010, Art. 1 Rn. 19, 35, jeweils m. w. N. Es mehren sich allerdings in jüngerer Zeit
die Gegenstimmen, die auch bei der Menschenwürde Abwägungen zulassen
wollen: breite Bestandsaufnahme nunmehr bei *M. Baldus*, Menschenwürde und
Absolutheitsthese, in: AöR 136 (2011), S. 529 ff.; siehe ferner die Beiträge in:
R. Gröschner / O. W. Lembcke (Hrsg.), Das Dogma der Unantastbarkeit. Eine
Auseinandersetzung mit dem Absolutheitsanspruch der Würde, 2009.
[58] BVerfGE 93, 266 (293); 107, 275 (283 f.).
[59] Treffend *K. Bayertz*, Art. Menschenwürde, in: H. J. Sandkühler (Hrsg.),
Enzyklopädie Philosophie, Bd. II, 2010, S. 1553 ff. (1555). Ähnlich *J. Isensee*, Menschenwürde: die säkulare Gesellschaft auf der Suche nach dem Absoluten, in: AöR
131 (2006), S. 173 ff. (194): »Wer diesen Begriff besetzt, beherrscht das rechtliche
und politische Terrain.«

eine Menschenwürdeverletzung darstellt, gibt es zumindest in einem
Kernbereich einen breiten Konsens. Stigmatisierung und Entrech-
tung, massive Diskriminierung und Behandlung von Menschen als
Untermenschen, Menschenopfer, Menschenhandel, Folter oder Ge-
hirnwäsche gelten als exemplarische Fälle einer Würdeverletzung[60].
Daraus folgt für die Forschung an embryonalen Stammzellinien,
die die Zerstörung von frühen Embryonen zur Voraussetzung hat,
sogleich, was Richard Schröder des öfteren unmißverständlich ausgesprochen hat: »*Wenn* diese Embryonen Menschen sind, verbietet
sich jede Forschung, bei der sie zerstört werden. Kein noch so hohes
Forschungsziel rechtfertigt Menschenopfer.«[61] Um es drastisch zu
formulieren: einen geborenen, aber dem Tode geweihten Menschen
zum Objekt vernichtender Forschung zu machen oder einen Menschen erst auf die Welt kommen zu lassen, um ihn dann zu töten,
weil man sich von seiner Untersuchung gewichtigen medizinischen
Fortschritt verspricht, wäre unzweifelhaft eine durch Evidenz und
Konsens der Rechtsgemeinschaft beglaubigte Verletzung der Menschenwürde. Für die Selektion im Rahmen der PID gilt nämliches.
Daher lautet in unserem thematischen Kontext die entscheidende
Frage weniger: *was* verletzt die Menschenwürde, sondern eher: *wer*
ist ihr subjektiver Träger? Genießen die frühen Embryonen im pränidativen Stadium, also in den ersten zehn bis zwölf Tagen nach
Befruchtung der Ei-Zelle, den gleichen Würdestatus wie geborene
Menschen? Täten sie es, wäre das Verbot entsprechender Praktiken
ebenso evident wie dessen Herleitung aus dem Menschenwürdesatz
des Grundgesetzes.

    Hier häufen sich gegenüber einer vorschnell bejahenden Antwort
allerdings rasch die Fragen und Einwände. Denn Würde ist ja, wie
Jürgen Habermas (insofern zutreffend) geschrieben hat, keine »Ei-

---

[60] Zu diesen »konsentierten Grundaussagen« *Dreier* (Fn. 56), Art. 1 I Rn. 58 ff.
[61] *Schröder*, Forschung (Fn. 10), S. 284. So auch in seinem Vortrag beim
»Münsteraner Verein für Ethik« am 27.11.2008 zum Thema »Ab wann ist der
Mensch ein Mensch?« (http://egora.uni-muenster.de/ethik/pubdata/neuerflyer.
pdf [9.1.2013]). Man sieht erneut, daß vom moralischen und rechtlichen Status
des Embryos die Antwort auf die Frage nach der Verfassungswidrigkeit moderner
biomedizinischer Praktiken wie Stammzellforschung, PID etc. entscheidend
abhängt.

genschaft, die man von Natur aus ›besitzen‹ kann wie Intelligenz oder
blaue Augen; sie markiert vielmehr diejenige ›Unantastbarkeit‹, die
allein in den interpersonalen Beziehungen reziproker Anerkennung,
im egalitären Umgang von Personen miteinander eine Bedeutung
haben kann.«[62] In die gleiche Richtung argumentiert der evangelische
Theologe Trutz Rendtorff: »Die Würde des Menschen ist nicht in
einem biologischen Zustand oder einer ontologischen Verfassung des
Daseins begründet. ›Menschenwürde‹ ist eine ethische und rechtliche
Kategorie, die aus Gründen der praktischen ethischen Vernunft auf
dem Grunde tragender moralischer Grundüberzeugungen eine je aktuelle Verpflichtung zur Anerkennung und eine allgemeine Regel des
Zusprechens von Menschenwürde zum Inhalt hat und mit einer ele-
mentaren gegenseitigen Verbindlichkeit ausgestattet ist.«[63] Übersetzt
in die Sprache der Rechtsphilosophie und Staatstheorie: Würde ist
ein normativer Achtungsanspruch, der sich in einer wechselseitigen
Anerkennungsgemeinschaft Freier und Gleicher konstituiert[64]. Die
Teilnehmer dieser Gemeinschaft müssen unter uns, also auf der Welt
sein. Ein Kommunikations- oder Anerkennungsverhältnis mit einem
Zellverband von weniger als einem Millimeter Größe, der überhaupt
nur unter dem Mikroskop erkennbar ist und nur von Spezialisten
als *menschlicher* Embryo identifiziert werden kann, scheint schwerlich vorstellbar. Dabei bedeutet, um beliebte und oft in polemischer
Absicht gestreute Mißverständnisse zu vermeiden, die Aussage, daß
frühe Embryonen nicht Träger der Menschenwürde-Garantie sein

---

[62] Vgl. *J. Habermas*, Die Zukunft der menschlichen Natur, 2001, S. 62; ebd.,
S. 64 f. dann der bekräftigende Hinweis, daß sich erst mit der Geburt der »gesell-
schaftlich individuierende Akt der Aufnahme in den *öffentlichen* Interaktionszu-
sammenhang einer intersubjektiv geteilten Lebenswelt« vollziehe (Hervorhebung
im Original, H. D.). Zustimmend *J. Fischer*, Grundkurs Ethik, 2. Aufl. 2008,
S. 396 f.

[63] *T. Rendtorff*, Jenseits der Menschenwürde?, in: Jahrbuch für Wissenschaft
und Ethik, Bd. 5, 2000, S. 183 ff. (192). Ähnlich *Fischer*, Grundkurs Ethik (Fn. 62),
S. 396: Würde »hängt mit der spezifischen Struktur menschlicher Sozialität
zusammen.« Die Nähe zur Kommunikationstheorie Hasso Hofmanns (siehe
nächste Fußnote) ist unverkennbar.

[64] So die vielbeachtete Kommunikationstheorie der Menschenwürde von
H. Hofmann, Die versprochene Menschenwürde, in: AöR 118 (1993), S. 353 ff.
(insb. 364 ff., 368).

können, nicht, daß sie nun absolut schutzlos gestellt würden und
man mit ihnen wie einem beliebigen Stück Biomasse umgehen dürfte.
Das hat auch der Nationale Ethikrat stets klargestellt, der mit Mehrheit für den Import humaner embryonaler Stammzellinien, für eine
strikt eingeschränkte PID und für die prinzipielle Möglichkeit des
therapeutischen Klonens votiert hat[65]. Aber sowohl verfassungs- und
ideengeschichtlich wie auch grundgesetzsystematisch spricht nichts
dafür, die Blastocyste als würdebegabtes Wesen anzusehen und in
vollem Umfang dem Schutz des Art. 1 Abs. 1 GG zu unterstellen[66].

Zwar ist etwa in Verlautbarungen der katholischen Kirche aus
jüngerer Zeit – vor dem Hintergrund einer bewegten Dogmenge-
schichte[67] – die Rede davon, daß das Leben von der Empfängnis an
heilig und unverletzlich sei[68]. Doch sind, wie bereits angesprochen,

---

[65] Verfassungsdogmatisch läßt sich hier an bestimmte »Vorwirkungen« subjektiver Rechte oder an rein objektivrechtlich begründete Schutzpositionen
denken (siehe etwa *E. Denninger*, Embryo und Grundgesetz. Schutz des Lebens
und der Menschenwürde vor Nidation und Geburt, in: KritV 86 [2003], S. 191 ff.
[207 f.]; *U. Volkmann*, Staatsrecht II. Grundrechte, 2. Aufl. 2011, § 5 Rn. 31 a.E.).

[66] Das wird in den folgenden Abschnitten näher entfaltet. Wie hier u. a.
J. Ipsen, Der »verfassungsrechtliche Status« des Embryos in vitro, in: JZ 2001,
S. 989 ff. (991); *W. Heun*, Embryonenforschung und Verfassung – Lebensrecht
und Menschenwürde des Embryos, in: JZ 2002, S. 517 ff. (520 ff.); *H.-G. Dede-
rer*, Menschenwürde des Embryos *in vitro?*, in: AöR 127 (2002), S. 1 ff. (14 ff.);
H.-H. Trute, Wissenschaft und Technik, in: J. Isensee / P. Kirchhof (Hrsg.), Hand-
buch des Staatsrechts, 3. Aufl., Bd. IV, 2006, § 88 Rn. 31; *L. Michael / M. Morlok*,
Grundrechte, 3. Aufl. 2012, Rn. 155, 162; *Hufen*, Staatsrecht II (Fn. 39), § 10 Rn. 25.
Zahlreiche w.N. bei *H. Dreier*, Lebensschutz und Menschenwürde in der bioethi-
schen Diskussion, in: ders. / W. Huber, Bioethik und Menschenwürde, hrsgg. v.
H.-R. Reuter, 2002, S. 9 ff. (47 f.).

[67] Zu ihr kompakt *H. Schmoll*, Wann wird der Mensch ein Mensch?, in: FAZ
Nr. 125 v. 31.5.2001, S. 15; *Hofmann*, Methodische Probleme (Fn. 25), S. 54 ff.,
73 ff. Noch im 20. Jahrhundert haben namhafte katholische Theologen wie Karl
Rahner oder Franz Böckle die Auffassung von einem frühen unbeseelten Status
des Embryos vertreten.

[68] Benedikt XVI., Ansprache an die Teilnehmer der Vollversammlung der
Päpstlichen Akademie für das Leben und des Internationalen Kongresses zum
Thema »Der menschliche Embryo in der Phase vor der Implantation« vom
27.2.2006, mit Verweis auf die Enzyklika Johannes Pauls II. »Evangelium Vitae«
vom 25.3.1995, Abs. 61: »Das menschliche Leben ist in jedem Augenblick seiner
Existenz, auch in jenem Anfangsstadium, das der Geburt vorausgeht, heilig und

im säkularen Staat bestimmte Glaubenssätze einer religiösen Gemeinschaft nicht geeignet, eine tragfähige Grundlage für die Einschränkung von Freiheitsrechten zu bilden. Zu Recht hat man betont, daß die
»identifizierende rechtliche Gleichsetzung von geborenen Menschen
und vorgeburtlichem ›werdenden Leben‹, also von geborenen Menschen und z. B. Embryonen im 4-Zell-Stadium im Reagenzglas (in
vitro), und der Intensität ihres Schutzes ... nicht nur der Alltagsintu-
ition« widerspreche; sie beruhe zudem »auf ethischen Prämissen, die
gerade nicht zwingend und nicht für alle Bürger eines säkularen Verfassungsstaates verallgemeinerungsfähig sind und deshalb auch nicht
verfassungsrechtlich für alle verpflichtend gemacht werden dürfen.«[69]
Dies verdient auch deswegen unterstrichen zu werden, weil es
bei weitem nicht allein um die Entgegensetzung von religiösen und
säkularen Vorstellungen geht. Denn in anderen Religionen wie dem
Judentum oder dem Islam dominieren ganz andere Vorstellungen
als im Vatikan. Dort bestehen keine durchgreifenden Vorbehalte
gegenüber den modernen humangenetischen Praktiken wie der IVF,
der PID oder des therapeutischen Klonens, weil überall der Gedanke dominiert, gesundem menschlichen Leben zur Existenz zu
verhelfen[70]. Davon, daß sich die Aussagen der christlichen Kirchen

---

unantastbar.« Vgl. auch die »Instruktion der Kongregation für die Glaubenslehre
über einige Fragen der Bioethik« vom 8.9.2008 (Fn. 14), Abs. 1, 35.

[69] H. *Schulze-Fielitz*, in: H. Dreier (Hrsg.), Grundgesetz-Kommentar, Bd. I, 3.
Aufl. 2013, Art. 2 II Rn. 67.

[70] Zum Islam siehe etwa *I. Ilkilic*, Die aktuelle Biomedizin aus der Sicht des
Islam, in: S. Schicktanz u. a. (Hrsg.), Kulturelle Aspekte der Biomedizin, 2003,
S. 56 ff. (79 ff.); als erste Orientierung nützlich *T. Eich*, Islam und Bioethik, 2005;
ders. (Hrsg.), Moderne Medizin und islamische Ethik, 2008 (Übersetzungen
zentraler Texte islamischer Denker mit instruktiven Zusammenfassungen des
Herausgebers); *D. Atighetchi*, Islamic Bioethics: Problems and Perspectives, 2007,
insb. S. 13–29, 91–133, 235–265; *A. Sachedina*, Islamic Biomedical Ethics – Principles and Application, 2009, insb. S. 101–144, 195–219. Zum Judentum siehe
etwa F. *Rosner* et al. (eds.), Jewish Bioethics, 2000 (vor allem die Beiträge S. 99–
208); *A. L. Mackler*, Introduction to Jewish and Catholic Bioethics, 2003, insb.
S. 120–189; *Y. Nordmann / M. Birnbaum*, Die aktuelle Biomedizin aus der Sicht
des Judentums, in: Schicktanz u. a., op. cit., S. 84–106; N. J. *Zohar* (ed.), Quality
of Life in Jewish Bioethics, 2006 (Einleitung und letzter Teil: S. 1–8, 99–130);
G. v. Kloeden-Freudenberg, Was dem Leben dient, in: FS Ritschl, 2009, S. 259 ff.
(269 ff.). – Siehe auch die Hinweise oben in Fn. 9.

und ihrer Theologen zu Fragen des Schwangerschaftsabbruches und
moderner Biomedizin ohnehin pluralistisch auffächern, war schon
die Rede[71]. Das liegt nicht zuletzt daran, daß die These von der Würdebegabung mit dem Zeitpunkt der »Verschmelzung« von Ei- und
Samenzelle, also bereits im pränidativen Stadium, auch nach den
Prämissen christlicher Theologie wenig überzeugend ist, wie etwa
der protestantische Sozialethiker und Theologe Johannes Fischer in
mehreren Beiträgen eindringlich dargelegt hat[72].

c) Besonderheiten der pränidativen Phase

Wir müssen zudem für unsere Urteilsbildung embryologische Tatsa-
chen zur Kenntnis nehmen[73], ohne einem naturalistischen Fehlschluß
zu verfallen. So gelingt nach gefestigter medizinischer Erkenntnis bei
natürlicher Befruchtung zwei Dritteln der befruchteten Eizellen die
Einnistung in den Uterus der Frau nicht; sie gehen vielmehr mit der
nächsten Monatsblutung unbemerkt ab[74]. Wenn man aber die frühen Embryonen im pränidativen Stadium *in vitro* als würdebegabte
Wesen (und alle einschlägigen biotechnischen Praktiken als menschenwürdewidrige Akte) betrachtet, dann kann man diesen Status
den Embryonen *in vivo* nicht versagen. Soll man nun aber wirklich
annehmen, daß diese unzähligen befruchteten Eizellen, die niemals
über das pränidative Stadium hinauskommen, Träger der Menschenwürdegarantie sind? Will man diesen Vorgang etwa als »vorgeburtliches Massensterben von Grundrechtsträgern« ansehen?[75] Sollen
das alles embryonale Menschen sein, denen Gott das Leben versagt,

---

[71] Siehe oben bei und in Fn. 20 ff.

[72] *J. Fischer*, Die Schutzwürdigkeit menschlichen Lebens in christlicher Sicht,
in: Anselm / Körtner (Fn. 22), S. 27 ff.; *ders.*, Menschenwürde und Anerkennung,
in: ZEE 51 (2007), S. 24 ff.

[73] Ausführliche Aufbereitung des naturwissenschaftlichen Hintergrundes bei
T. Hartleb, Grundrechtsschutz in der Petrischale, 2006, S. 27 ff.

[74] Hinweis darauf schon bei *H. Hofmann*, Biotechnik, Gentherapie, Genmanipulation – Wissenschaft im rechtsfreien Raum?, in: JZ 1986, S. 253 ff. (258); s. auch
Schröder, Forschung (Fn. 10), S. 285.

[75] So in polemischer, aber die Sache im Kern treffender Wendung *J. Kaube*,
Wider den PID-Alarmismus, in: FAZ Nr. 155 v. 7.7.2011, S. 29.

bevor es angefangen hat?[76] Setzen wir die befruchtete Eizelle vor der Nidation mit dem geborenen Menschen gleich und sprechen sie als Person an, so ist, wie Richard Schröder das einmal auf den Punkt gebracht hat, der Satz konsequent und unausweichlich[77]: »70 % aller Menschen werden nie geboren.« Dieser Satz scheint mir nicht sinnvoll – und auch nicht christlich. Beim Embryo im pränidativen Stadium handelt es sich eben noch nicht um ein sehr kleines Kind, sondern um die früheste Entwicklungsstufe, die nur bei einem Drittel der befruchteten Eizellen zur Nidation und damit zum Beginn der Schwangerschaft führt[78]. Geradezu fatal mutet es angesichts dieser Umstände an, mit Blick auf den seinerzeit hochumstrittenen Import von Stammzellinien von der »Vernichtung embryonaler Menschen« zu sprechen, wie dies Anfang 2002 Kardinal Karl Lehmann und der damalige EKD-Ratsvorsitzende Manfred Kock in einem gemeinsamen Brief an die Abgeordneten des Deutschen Bundestages taten[79]. Angesichts des Umstandes, daß diese Stammzellinien in der Regel aus sog. überzähligen Embryonen gewonnen werden, sollten wir den Hinweis beherzigen, daß wir auch Verantwortung für unsere Sprache tragen und uns nicht durch leichtfertige Reden an die Vorstellung gewöhnen sollten, daß es überzählige Menschen gibt, so wie es überzählige Embryonen gibt[80].

---

[76] Hinweis auf diesen Punkt bei *Fischer*, Schutzwürdigkeit (Fn. 72), S. 35; s. auch *H. Adanali*, Klonen beim Menschen: Ethische Prinzipien und Zukunftsperspektiven – ein islamischer Standpunkt, in: T. Eich / H. Reifeld (Hrsg.), Bioethik im christlich-islamischen Dialog, 2004, S. 35 ff. (50 f.).

[77] *R. Schröder*, Ab wann ist der Mensch ein Mensch?, in: Tagesspiegel v. 29.2.2008: »Nehmen wir an, jede befruchtete Eizelle sei bereits als Träger der Menschenwürde zu verstehen – sind wir bereit, die Konsequenzen zu tragen? Dann müßten wir nämlich sagen: die meisten Menschen (sieben von zehn) werden nie geboren. So hatten wir das Wort Mensch bisher nicht verstanden.« Siehe auch *Schröder*, Forschung (Fn. 10), S. 292.

[78] Nach der Nidation liegt übrigens die biologische Wahrscheinlichkeit, daß es zur Geburt eines Kindes kommt, schätzungsweise bei über 90 % – wenn der Mensch nicht eingreift, etwa im Wege der Abtreibung.

[79] Der Wortlaut des gemeinsamen Briefes vom 14. Januar 2002 ist abgedruckt in der Pressemitteilung der EKD vom 17. Januar 2002 sowie der Pressemeldung der Deutschen Bischofskonferenz vom 17. Januar 2002.

[80] *R. Schröder*, Schriftliche Stellungnahme bei der öffentlichen Anhörung

d) Kant als bioethische Autorität?

Die These von der Würdebegabung pränidativer Embryonen wird
nicht überzeugender dadurch, daß man sich zur Stützung des ge-
wünschten Ergebnisses nicht auf religiöses, sondern auf originär
philosophisches Gedankengut und namentlich auf Immanuel Kant
beruft[81]. Dieser nimmt für manche nachgerade den Platz einer un-
bezweifelbaren Autorität ein, wie ihn im Mittelalter Aristoteles in-
nehatte. Doch wäre insofern zunächst einmal die Frage zu klären,
ob und warum gerade Kant uns eine bindende Deutung der Menschenwürde sollte bieten können. Seine Philosophie kann ja nicht
einfach umstandslos als interpretationsleitend für zentrale Prinzipien
des Grundgesetzes zugrunde gelegt werden, da die umstandslose
»Orientierung der juristischen Verfassungsinterpretation an einer
als Auslegungsmaxime fungierenden philosophischen Lehre nicht
weniger Bedenken als die an einer Religion« begegnet[82].

Zudem liegt, soweit Kants Personenbegriff als ausschlaggebend
betrachtet und dieser auf vorgeburtliches Leben bezogen wird, wohl
eine schlichte Fehlinterpretation vor. Denn das Verbot, den anderen als bloßes Mittel und nicht zugleich als Zweck zu behandeln
(Mediationsverbot), betrifft den Menschen »als selbstgesetzgebendes
Vernunftwesen im Verhältnis zu anderen solchen Wesen und nicht

---

des Bundestagsausschusses für Gesundheit am 25. Mai 2011, Ausschussdrucks.
17(14)0134(4), S. 6: »Auch Definitionen sind Handlungen, deren Folgen wir zu
bedenken haben. Wer menschliche Embryonen in embryonale Menschen umde-
finiert und bereits die befruchteten Eizellen Menschen nennt, ist zu dem Satz gezwungen: ›die meisten Menschen werden nicht geboren‹. So hatten wir das Wort
Mensch bisher nicht verstanden. Und er gewöhnt uns daran, dass es überzählige
Menschen gibt. Eben dies wollte Artikel 1 des Grundgesetzes ausschließen.«

[81] Die bekannten Stellen stammen durchweg aus der Tugend-, nicht der
Rechtslehre. Siehe *I. Kant*, Die Metaphysik der Sitten. Zweiter Teil: Metaphysische
Anfangsgründe der Tugendlehre (1797), §§ 9, 11, 38, 39 (Akad.-Ausgabe Bd. VI,
S. 429, 434 f., 462 f.).

[82] *F. Wittreck*, Jesus Christus oder Immanuel Kant – Auf wessen Schultern
ruht das Grundgesetz?, in: ders. (Hrsg.), 60 Jahre Grundgesetz. Verfassung mit
Zukunft!?, 2010, S. 9 ff. (27); s. auch *Dreier* (Fn. 56), Art. 1 I Rn. 14. Dem steht
wiederum die Affinität seiner Lehre zu Prämissen und Strukturen des modernen
Verfassungsstaates keineswegs entgegen (dazu *H. Dreier*, Kants Republik, in: JZ
2004, S. 745 ff.).

1. *Menschenwürde (Art. 1 Abs. 1 GG)* 33

schon die in ihren biologischen Möglichkeiten angelegte Vernunft«[83].
Kant stellt mithin ganz auf die moralische Selbstgesetzgebung als
Kern des Sittengesetzes ab. Würde meint bei ihm sittliche Autonomie.
Zu Recht hat man schließlich ganz generell darauf hingewiesen,
daß sich Kants Würdekonzept aus absoluter Selbstzweckhaftigkeit
des Menschen im Verhältnis zu den ganz anders gearteten christlichen Grundvorstellungen gemäß der biblischen Schöpfungs-
geschichte eher blasphemisch ausnimmt[84] – rückt doch hier der
traditioneller christlicher Theologie zufolge sündenbeladene und
kreatürliche Mensch in eine quasi göttliche Position ein. Das hin-
dert aber viele Moraltheologen nicht daran, auf die Präsentation
originär theologischer Argumente fast völlig zu verzichten, stattdessen die »Metaphysik der Sitten« zu paraphrasieren und diese als
Ausweis dafür zu betrachten, daß die offiziellen Lehren des Vatikan
sozusagen eine weltanschaulich unverfängliche, rein philosophische
Fundamentalbegründung erfahren könnten. Insbesondere in den
Ausführungen des § 28 der »Metaphysik der Sitten«[85], die gern als
besonders klare Bestätigung dafür herangezogen werden, daß die
Philosophie Kants mehr oder minder unmittelbar Würde auch dem
vorgeburtlichen Leben beimesse, geht es aber weder um vorgeburtliches und schon gar nicht um pränidatives Leben (von dem Kant ja
noch gar nichts wissen konnte), sondern um die Konstruktion einer
Rechtsbeziehung zwischen Eltern und Kind[86]. Ohnehin befremdet

---

[83] So treffend *K. Seelmann*, Recht und Rechtsethik in der Fortpflanzungsmedizin, in: Recht 13 (1996), S. 240 ff. (246); in die gleiche Richtung *V. Gerhardt*, Der
Mensch wird geboren, 2001, S. 22 ff.; *Heun*, Embryonenforschung (Fn. 66), S. 523.

[84] *Hofmann*, Methodische Probleme (Fn. 25), S. 60.

[85] *Kant*, Metaphysik der Sitten (Rechtslehre), § 28 (Akad.-Ausgabe, S. 280 f.):
»Denn da das Erzeugte eine Person ist, und es unmöglich ist, sich von der Erzeugung eines mit Freiheit begabten Wesens durch eine physische Operation einen
Begriff zu machen: so ist es eine in praktischer Hinsicht ganz richtige und auch
nothwendige Idee, den Act der Zeugung als einen solchen anzusehen, wodurch
wir eine Person ohne ihre Einwilligung auf die Welt gesetzt und eigenmächtig in
sie herüber gebracht haben«.

[86] Erhellend *Hofmann*, Methodische Probleme (Fn. 25), S. 63 f.: »Indessen ist
das Problem, um das es hier geht, ein ganz anderes, nämlich: Wie ist es denkbar,
dass zwischen den Eltern und dem Kind ein Rechtsverhältnis besteht, das die
Eltern zum Unterhalt verpflichtet? Zwar sind die Eltern einerseits und das Kind

nicht allein im Kantschen Kontext der eigentümliche Naturalismus
und Biologismus, der die Begründung der Menschenwürde »von
Anfang an« durchwebt und den etwa der Biologe Hubert Markl
zu Recht immer wieder mit dem Hinweis darauf gegeißelt hat, wie
ausgerechnet aus »der zufälligen Kombination elterlicher Erbanlagen
bei der Erzeugung und Verschmelzung von Ei- und Samenzellen«
Menschenwürde entspringen solle[87]. Hier droht ein krasser Materialismus und kruder Biologismus[88].

e) Entwürdigung von Zellverbänden?

Stellt man schließlich ganz generell auf das namentlich von Günter
Dürig inaugurierte Instrumentalisierungsverbot ab, aus dem er zur
Bestimmung einer Menschenwürdeverletzung die sog. Objektformel
abgeleitet hat (»Die Menschenwürde als solche ist getroffen, wenn der

---

andererseits Rechtssubjekte, aber es gibt – anders als bei den nach Kant unterein-
ander durch Vertrag verbundenen Eltern – keinen Rechtsakt, der zwischen Eltern
und Kind eine Rechtsbeziehung gestiftet hätte. Und da es nicht vorstellbar ist, dass
die Eltern auf rein physische Weise ein moralisches Rechtssubjekt hervorgebracht
haben, bleibt nach Kant aus praktischen Gründen nur die Möglichkeit, den Akt
der Zeugung so anzusehen *als ob* er eine solche Rechtswirkung gehabt hätte mit
der Konsequenz, dass die Eltern für ihre eigenmächtige Behandlung einer Person
dieser für die Folgen haften. Ein in den gegenwärtigen bioethischen Auseinandersetzungen verwertbares Argument wird aus dieser Passage nur, wenn man Kants
Postulat der praktischen Vernunft bezüglich des geborenen Kindes in eine onto-
logische Aussage über das Embryo verkehrt.« Gegen die Auffassung *Hofmanns*
nun wieder, wenngleich nicht überzeugend, *J. Isensee*, Würde des Menschen,
in: D. Merten / H.-J. Papier (Hrsg.), Handbuch der Grundrechte in Deutschland
und Europa, Bd. IV, 2011, § 87 Rn. 79 Fn. 252. Im Ergebnis wie hier *A. Vieth*, Wie
viel Wasser enthält der Rubikon der Freiheit?, in: L. Siep / M. Quante (Hrsg.),
Der Umgang mit dem beginnenden menschlichen Leben, 2003, S. 107 ff. (121 ff.).
    [87] *H. Markl*, Schöner neuer Mensch?, 2002, S. 124, wo es weiter heißt:»Daß
Menschenwürde ausgerechnet aus dieser Kontingenz biologischer Entwicklung
jedes Individuums kommen soll, müßte allein schon deshalb zweifelhaft erscheinen, weil wir eineiigen Zwillingen trotz ihrer identischen Erbanlagen keineswegs
die Würde unabhängig autonomer Personen aberkennen.«
    [88] Einen in solchen Sichtweisen liegenden »krassen Materialismus« hatte 1982
schon der Weltkirchenrat beklagt (Hinweis bei *K. Tanner*, Der Streit in Deutschland um die Stammzellforschung, in: Jahrbuch 2008 der Deutschen Akademie
der Naturforscher Leopoldina, Jg. 54 [2009], S. 397 ff. [408]).

konkrete Mensch zum Objekt, zu einem bloßen Mittel, zur vertretbaren Größe herabgewürdigt wird«)[89], darf man wohl skeptisch fragen, ob gegenüber einer Blastocyste eigentlich Handlungen vorstellbar sind, die mit eindeutigen Würdeverletzungen wie Brandmarkung, Demütigung, Erniedrigung, Folter, Menschenhandel oder ähnlichen Akten auf eine Stufe gestellt werden können[90]. Wie entwürdige ich eine molekulare Struktur, wie demütige ich einen Zellverband?[91] Fehlt hier nicht schlicht die »Fallhöhe« (Jürgen Schmude), sozusagen das Entwürdigungspotential?[92] Und wenn die Forschung an embryonalen Stammzellinien oder die Vornahme einer Präimplantationsdiagnostik mit dem Ziel der Heilung schwerer Krankheiten oder der Herbeiführung einer Schwangerschaft durchgeführt werden, so dürfte es noch schwerer fallen, eine Demütigungsintention anzunehmen.

f) Aporien bundesverfassungsgerichtlicher Judikatur

Das Bundesverfassungsgericht hat sich, wenn auch nur dem allerersten Anschein nach, von allen genannten Einwänden gegenüber der Einräumung der Menschenwürde für frühe Embryonen einigermaßen unbeeindruckt gezeigt. Denn von ihm stammt die kategorische und merksatzförmige Formulierung: »Wo menschliches Leben existiert,

---

[89] G. *Dürig*, Der Grundrechtssatz von der Menschenwürde, in: AöR 81 (1956), S. 117 ff. (127). Diese Bestimmung erfolgte im Rückgriff auf Kant, dessen Mediationsverbot schon von Schopenhauer als leerformelhaft kritisiert wurde. Dürigs Definition ist zudem tendenziell zirkulär: die *Würde* ist verletzt, wenn der Mensch herab*gewürdigt* wird. Ausführlicher zum Leerformelcharakter *Dreier* (Fn. 56), Art. 1 I Rn. 53; *Isensee* (Fn. 86), § 87 Rn. 47.

[90] Das sind die seit jeher anerkannten und bis heute allgemein konsentierten Fälle einer klaren Verletzung der Menschenwürde. Siehe oben bei und in Fn. 60.

[91] Kritische Fragen in dieser Richtung auch bei *M. Herdegen*, Die Menschenwürde im Fluß des bioethischen Diskurses, in: JZ 2001, S. 773 ff. (774); *E. Hilgendorf*, Klonverbot und Menschenwürde – Vom Homo sapiens zum Homo xerox?, in: FS Maurer, 2001, S. 1147 ff. (1157).

[92] Siehe etwa *Denninger*, Embryo (Fn. 65), S. 207 mit der Feststellung, daß das Folterverbot in Bezug auf eine Blastocyste fünf Tage nach der Fertilisation »ins Leere läuft«. Des weiteren *W. Heun*, Humangenetik und Menschenwürde. Beginn und Absolutheit des Menschenwürdeschutzes, in: P. Bahr / H. M. Heinig (Hrsg.), Menschenwürde in der säkularen Verfassungsordnung, 2006, S. 197 ff. (210 f.).

kommt ihm Menschenwürde zu.«[93] Das ist, wie man mit mildem Spott einmal formuliert hat, gewiß ein schöner, aber schwerlich auch ein besonders gut durchdachter Satz[94]. Gemünzt auf die Situation einer Schwangerschaft mußte er nämlich die Folgefrage provozieren, ob denn Würde – wie etwa beim Schutz des vorgeburtlichen Lebens – abgestuft werden könne. Andernfalls wäre ja die weitreichende, wenn auch nur bei bestimmten Indikationen oder nach Beratung erlaubte Zulassung des Schwangerschaftsabbruchs in den ersten drei Monaten praktisch nicht zu rechtfertigen gewesen[95]. Die Unbedingtheit und Absolutheit des Menschenwürdeanspruchs hätte zu einem strikten Abtreibungsverbot führen müssen; bestenfalls die medizinische Indikation hätte womöglich Bestand haben können. Das zeigt, daß die Prämissen und leitthesenhaften Sentenzen der Urteile mit den konkreten Entscheidungsgehalten in einem praktisch unaufhebbaren Widerspruch stehen. Entsprechend heftig fiel die berechtigte Kritik der Literatur an diesen Inkonsistenzen aus[96]. Letztlich entscheidend für die Rechtslage sind aber nicht die allgemein gehaltenen Leitsätze der Urteile, sondern die konkreten Rechtsfolgeaussprüche[97].

Aber so allgemein, wie der eingangs zitierte Leitsatz nun einmal gefaßt ist, läßt sich unter (oberflächlicher) Berufung auf ihn die

---

[93] BVerfGE 39, 1 (41). Im zweiten Urteil zum Schwangerschaftsabbruch heißt es noch grundsätzlicher, aber auch noch dunkler: »Diese Würde des Menschseins liegt auch für das ungeborene Leben im Dasein um seiner selbst willen.«

[94] H. Hofmann, Die Pflicht des Staates zum Schutz des menschlichen Lebens, in: FS Krause, 1990, S. 115 ff. (118); skeptisch auch Trute (Fn. 66), § 88 Rn. 31.

[95] Diese Zulassung dementiert den weitreichenden Anspruch, der mit der zitierten Sentenz erhoben wird und den trügerischen Anschein kraftvollen Würdeschutzes für die frühesten Stadien der Embryonalentwicklung suggeriert. Siehe nur Volkmann, Staatsrecht II (Fn. 65), § 5 Rn. 31: »Schon die vom BVerfG grundsätzlich gebilligte Zulassung des Schwangerschaftsabbruchs innerhalb der ersten drei Schwangerschaftsmonate nach Durchführung einer bloßen Beratung stellt die Entscheidung darüber letztlich in das Belieben der Schwangeren, gibt also den sich entwickelnden Embryo – und damit, wenn die These von der Einheit von Lebens- und Würdeschutz zutrifft, auch dessen vom Staat an sich absolut zu gewährleistende Würde – ihrer Disposition preis.«

[96] Nachweise und ausführlichere Darstellung: Dreier (Fn. 56), Art. 1 I Rn. 66 ff., 69.

[97] Dazu näher unter IV.

Menschenwürdegarantie natürlich spielend nicht nur allgemein auf das vorgeburtliche Leben, sondern sogar auf dessen früheste pränidative Entwicklungsphase erstrecken. Freilich leuchtet dann die Beschränkung auf die Phase ab der Befruchtung nicht ein. Denn natürlich haben wir es sowohl bei der unbefruchteten Eizelle als auch der Samenzelle vor der Konjugation mit »menschlichem Leben« zu tun – womit denn auch sonst, könnte man rhetorisch fragen, da es sich ja ersichtlich weder um tierisches Leben noch um tote Materie handelt. Einer solchen Erstreckung der Menschenwürde auf die Phase vor der Verschmelzung von Ei- und Samenzelle redet nun aber niemand das Wort.

Schließlich vermengt der fatale und gerade wegen seiner scheinbaren Unbedingtheit und kategorialen Strenge so oft repetierte Satz auch noch die beiden unterschiedlichen Normkomplexe des Würde- und des Lebensschutzes miteinander, die aber einen jeweils unterschiedlichen (nur gelegentlich sich überschneidenden) Schutzgehalt aufweisen. Man kann das unschwer daran demonstrieren, daß ein Eingriff in das Lebensrecht, also eine Tötung, keineswegs zwingend mit einer Verletzung der Menschenwürde verknüpft ist, wie etwa der Fall des zulässigen polizeilichen Rettungsschusses zeigt[98]. Umgekehrt ist eine Verletzung der Menschenwürde regelmäßig gerade nicht mit der Tötung des Betroffenen verbunden, wie man sich an Fällen des Menschenhandels oder der Folter verdeutlichen mag. Menschenwürdegarantie und Lebensschutz sind daher zu entkoppeln, was mittlerweile als überwiegende Auffassung in der Literatur gelten kann[99]. Dabei heißt Entkoppelung nicht, daß eine Tötungshandlung niemals eine Menschenwürdeverletzung implizieren könnte. Sie stellt nur nicht automatisch eine solche dar; umgekehrt gilt das Gleiche. Wir sollten also im Interesse analytischer Klarheit Menschenwürde und Lebensschutz getrennt behandeln[100] – und wenden uns daher dem

---

[98] Zu dessen verfassungsrechtlicher Zulässigkeit statt vieler *Schulze-Fielitz* (Fn. 69), Art. 2 II Rn. 62; *H. Dreier*, Grenzen des Tötungsverbotes, in: JZ 2007, S. 261 ff. (264 f.), beide m. w. N.

[99] Siehe *Heun*, Embryonenforschung (Fn. 66), S. 518; *Dreier* (Fn. 56), Art. 1 I Rn. 67; *Schulze-Fielitz* (Fn. 69), Art. 2 II Rn. 118, jeweils m. w. N.

[100] So auch neben den in der vorigen Fußnote genannten Autoren *E. Schmidt-*

Lebensrecht des Art. 2 Abs. 2 des Grundgesetzes zu. Dort begegnen uns teils parallele, teils ganz eigene Probleme.

2. Leben und körperliche Unversehrtheit (Art. 2 Abs. 2 GG)

Das nunmehr interessierende Grundrecht ist in Art. 2 Abs. 2 GG garantiert. Diese Norm lautet:»Jeder hat das Recht auf Leben und körperliche Unversehrtheit. Die Freiheit der Person ist unverletzlich. In diese Grundrechte darf nur auf Grund eines Gesetzes eingegriffen werden.« Das zeigt zunächst: das Grundgesetz spricht nicht diffus von menschlichem Leben, sondern davon, daß »jeder« – mithin jedes Individuum – das Recht auf Leben und körperliche Unversehrtheit hat. Unbestritten ist mit »jeder«, wie bei der Menschenwürde, jeder geborene Mensch gemeint. Und auch wenn diese Grundrechtsgarantie mit einem Gesetzesvorbehalt ausgestattet ist, die Tötung eines Menschen also nicht in jedem Fall zwingend eine Grundrechtsverletzung darstellen muß, ist doch klar, daß eine Einschränkung nur in gravierenden Ausnahmefällen (Krieg, finaler Rettungsschuß, Notwehr- oder Nothilfesituation) greifen kann[101].

a) Kernfrage: Beginn des Lebensschutzes

Schließt das Wörtchen »jeder« aber auch das vorgeburtliche Leben ein? Nach wie vor streitig ist die mit letzter Gewißheit vermutlich niemals zu klärende Frage, ob die Autoren des Grundgesetzes eine klare Vorstellung bezüglich des »keimenden« Lebens hegten[102]. Das ist insofern mittlerweile von geringer Relevanz, als das Bundesverfassungsgericht den personalen Einzugsbereich des Art. 2 Abs. 2 GG auch auf das ungeborene Leben, also auf die pränatale Phase erstreckt

---

Jortzig, Rechtsfragen der Biomedizin, 2002, S. 17 f.; *Volkmann*, Staatsrecht II (Fn. 65), § 5 Rn. 30; *Michael/Morlok*, Grundrechte (Fn. 66), Rn. 155, 162.

[101] Zu den relevanten Fallkonstellationen *Dreier*, Grenzen (Fn. 98), S. 262 ff.

[102] Zu den entsprechenden Beratungen im Parlamentarischen Rat und deren Deutungen in der Literatur mit allen Nachweisen *Schulze-Fielitz* (Fn. 69), Art. 2 II Rn. 5.

und sich die Lehre dem ganz überwiegend angeschlossen hat[103]. Klar und deutlich heißt es im ersten Urteil zum Schwangerschaftsabbruch, die Norm schütze »auch das sich im Mutterleib entwickelnde Leben als selbständiges Rechtsgut«[104]. »Jeder« im Sinne des Art. 2 Abs. 2 GG ist danach auch der Fötus, ja auch der Embryo. Dies gilt freilich nur mit einer entscheidenden zeitlichen Grenzziehung. Denn anders als manche Darstellungen der Rechtsprechung des Bundesverfassungsgerichts in der rechtswissenschaftlichen Literatur gerne glauben machen wollen, belegt dessen Judikatur keineswegs eindeutig, daß sich der Schutz des Lebensrechtes nicht lediglich auf die Phase ab der Nidation, sondern bereits auf die pränidative Phase bezieht[105]. Das Gegenteil ist der Fall. Eine weitaus weniger oft zitierte Passage der soeben herangezogenen Entscheidung lautet nämlich wie folgt: »Leben im Sinne der geschichtlichen Existenz eines menschlichen Individuums besteht nach gesicherter biologisch-physiologischer Erkenntnis jedenfalls vom 14. Tage nach der Empfängnis (Nidation, Individuation) an«[106]. Nicht anders hat das Gericht letztlich in seinem Urteil aus dem Jahre 1993 auf »individuelles, in seiner genetischen Identität und damit in seiner Einmaligkeit und Unverwechselbarkeit bereits festgelegtes, nicht mehr teilbares Leben« abgestellt[107]. Es hat

---

[103] Siehe nur *R. Müller-Terpitz*, Recht auf Leben und körperliche Unversehrtheit, in: J. Isensee / P. Kirchhof (Hrsg.), Handbuch des Staatsrechts der Bundesrepublik Deutschland, Bd. VII, 3. Aufl. 2009, § 147 Rn. 21 ff.; *U. Di Fabio*, in: T. Maunz / G. Dürig (Hrsg.), Grundgesetz. Loseblatt-Kommentar, Bd. I, Art. 2 Abs. 2 Satz 1 (2011), Rn. 24; *H. D. Jarass*, in: ders. / B. Pieroth, Grundgesetz für die Bundesrepublik Deutschland, 11. Aufl. 2011, Art. 2 Rn. 82; *Schulze-Fielitz* (Fn. 69), Art. 2 II Rn. 29.

[104] BVerfGE 39, 1 (36).

[105] So aber z. B. *C. Hillgruber*, in: V. Epping / C. Hillgruber (Hrsg.), Grundgesetz-Kommentar, 2009, Art. 1 Rn. 4 bzw. Art. 2 Rn. 59; *Starck* (Fn. 54), Art. 1 Rn. 19.

[106] BVerfGE 39, 1 (37). Und weiter: »›Jeder‹ im Sinne des Art. 2 Abs. 2 Satz 1 GG ist ›jeder Lebende‹, anders ausgedrückt: jedes Leben besitzende menschliche Individuum; ›jeder‹ ist daher auch das noch ungeborene menschliche Wesen.«

[107] BVerfGE 88, 203 (251 f.). Wenn das Bundesverfassungsgericht mit Blick auf die zur Prüfung gestellten Normen des Schwangerschaftsabbruchs auch betont, von einem Lebensrecht könne »jedenfalls« ab Individuation und Nidation die Rede sein, verführt das manche Verfassungsinterpreten zu der Mutmaßung, Art. 2 Abs. 2 GG ließe sich eben doch auch auf die Phase davor erstrecken. Damit

demgemäß in beiden Entscheidungen zum Schwangerschaftsabbruch die Regelung des § 218 Abs. 1 S. 2 StGB völlig unbeanstandet gelassen. Demzufolge gelten »Handlungen, deren Wirkung vor Abschluß der Einnistung des befruchteten Eies in der Gebärmutter eintritt«, nicht als Schwangerschaftsabbruch und sind daher zulässig. Der grundrechtliche Lebensschutz greift also den einschlägigen Urteilen des Bundesverfassungsgerichts zufolge frühestens nach Nidation und Individuation, mithin ca. zwei Wochen nach der Befruchtung.

b) Individuation als Voraussetzung

Für die bioethischen Fragen sind die angesprochenen zeitlichen Fixierungen deswegen von herausragender Relevanz, weil es bei den einschlägigen biotechnologischen Praktiken (IVF, Forschung an überzähligen Embryonen, PID) immer um den Zeitraum *vor* der Einnistung der Blastocyste in die Gebärmutter geht, meistens um die Tage vier bis acht[108]. In diesem Stadium kommen aber Verletzungen der frühen Embryonen als Grundrechtsträger nicht in Betracht. Denn Grundrechte sind in erster Linie Individualrechte und beziehen sich auf einzelne Personen oder Menschen[109]. Bis zur Nidation, die mit der Individuation zeitlich ungefähr in eins fällt, liegt aber überhaupt noch kein individuiertes Wesen vor. Der Grund: bis ungefähr zwei Wochen nach der Befruchtung ist noch Mehrlingsbildung möglich. Das heißt: wir haben es bis dahin zwar mit *artspezifischem,* aber eben

---

wird aber verkannt, daß die Kriterien, die das Gericht aufstellt (individuelles, einmaliges, unverwechselbares, nicht mehr teilbares Leben), in der pränidativen Phase durchweg noch nicht erfüllt sind. Die Kriterien dementieren also die (durch das Wörtchen »jedenfalls« scheinbar offengelassene) Möglichkeit, das Lebensrecht auf die pränidative Phase zu erstrecken. Richtig und deutlich *Heun*, Humangenetik (Fn. 92), S. 198.

[108] Zum folgenden ausführlicher *Dreier*, Lebensschutz (Fn. 66), S. 18 ff.

[109] Davon legen die großen Gründungsdokumente wie die Virginia Bill of Rights von 1776 oder die Französische Déclaration des droits de l'homme et du citoyen ebenso ein beeindruckendes Zeugnis ab wie die Universelle Menschenrechtserklärung von 1948. Zum Individuum, der einzelnen Persönlichkeit, als dem Dreh- und Angelpunkt des modernen freiheitlichen Verfassungssystems statt vieler *H. Hofmann*, Menschenrechtliche Autonomieansprüche (1992), in: ders., Verfassungsrechtliche Perspektiven, 1995, S. 51 ff.

noch nicht mit *individualisiertem* Leben zu tun[110]. Vor der Nidation resp. Individuation gibt es also noch kein einziges, unverwechselbares *In*dividuum, sondern etwas durchaus Teilbares, gewissermaßen ein *Di*viduum[111]. Der nur unter dem Mikroskop erkennbare und nur von Spezialisten identifizierbare Zellverband im Blastomeren- oder Blastoycstenstadium befindet sich in einer so frühen, unspezifischen Entwicklungsphase, daß noch nicht einmal feststeht, ob sich aus ihm einmal mehrere menschliche Lebewesen entwickeln oder nur eines[112]. Das ist der Grund, warum die Engländer für diese Phase nicht von einem Embryo, sondern von einem Pre-Embryo sprechen. Es handelt sich um *human life*, aber noch nicht um ein *human being*, um menschliches Leben, aber noch nicht um einen bestimmten werdenden Menschen. Nur in dieser Frühphase läßt sich nun etwa eine PID überhaupt durchführen, ungefähr zwischen dem vierten und achten Tag nach Befruchtung der Eizelle. In diesem Zeitraum kann aber von einem Grundrechtssubjekt noch keine Rede sein.

---

[110] Früh herausgestellt bei *Hofmann*, Pflicht (Fn. 94), S. 119; siehe *Heun*, Humangenetik (Fn. 92), S. 206 ff. Für Nidation als entscheidende Zäsur auch *Denninger*, Embryo (Fn. 65), S. 204 f. m. w. N.

[111] Den plastischen Ausdruck entlehne ich einem Leserbrief: *M. Schleyer*, Kein Individuum, sondern ein Dividuum, in: FAZ Nr. 117 v. 21.5.2001, S. 9.

[112] Hingegen spricht die Instruktion der katholischen Glaubenskongregation (Fn. 14), S. 15 unter Rückgriff auf eine Stellungnahme zur Abtreibungsproblematik und insofern den zentralen biologischen Tatbestand ignorierend einfach davon, die neuere Genetik habe gezeigt, daß vom ersten Augenblick an (gemeint ist die Verschmelzung von Ei- und Samenzelle) »eine feste Struktur dieses Lebewesens vorliegt: eines Menschen nämlich, und zwar dieses konkreten menschlichen Individuums, das schon mit all seinen genau umschriebenen charakteristischen Merkmalen ausgestattet ist«. Abgesehen von dem merkwürdigen genetischen Materialismus, der aus diesen Worten spricht: Genau an solch einem konkreten menschlichen Individuum fehlt es in der pränidativen Phase. Das Lehramt der katholischen Kirche verlängert seine Ablehnung der Abtreibung, die nur in Bezug auf individuiertes pränatales Leben möglich ist, einfach unbesehen auf die davor liegende pränidative Phase, in der man noch nicht von individuellem menschlichen Leben sprechen kann; außerdem gelingt nur einem Drittel der befruchteten Eizellen die Einnistung in den Uterus der Frau; die anderen zwei Drittel, lehramtlich als »ethisch gleichwertig« mit den späteren Phasen eines Embryos und eines Fötus eingestuft, gehen unbemerkt mit der Monatsblutung ab. Sind bzw. waren das alles »konkrete menschliche Individuen«? Siehe dazu noch bei und in Fn. 107.

Grundrechtlich geschützt ist nicht das menschliche Leben als solches, sondern nur das einzelne menschliche Leben. Wo es dieses individuelle Leben nicht gibt, kann es auch keine Grundrechtsträgerschaft geben. Art. 2 Abs. 2 GG ist insofern noch gar nicht berührt.

c) SKIP: Spezies-, Kontinuitäts-, Identitäts- und Potentialitätsargument

Nun hat es allerdings gerade in der allgemeinen philosophischen und theologischen Debatte allerlei Begründungsstrategien gegeben, den sei es moralischen, sei es rechtlichen Schutz des Embryos auch auf die pränidative Phase zu erstrecken. Für die Systematisierung dieser Argumente hat sich das Akronym SKIP eingebürgert: S steht für Spezies, K für Kontinuität, I für Identität und P für Potentialität. Die elaborierte Debatte hier auch nur in Bezug auf einen der vier Punkte annähernd ausschöpfen zu wollen, würde den vorgegebenen Rahmen sprengen[113]. Daher müssen wenige Stichworte genügen.

aa) Zugehörigkeit zur *Spezies* muß jedenfalls im Rahmen verfassungsrechtlicher Fragestellungen mehr meinen als nur menschliches Leben im allgemeinsten Sinne einer Zelle oder eines Zellverbandes[114]. Alles andere liefe auf einen kruden und zudem noch naturwissenschaftlich wenig informierten Biologismus und Naturalismus hinaus, der die Eigentümlichkeit und Begründungsbedürftigkeit der normativen Kategorien von Menschenwürde und Lebensschutz verfehlt, denen zufolge wir Menschen gewisse »unveräußerliche« Rechte zubilligen. Achtung der Würde eines Menschen meint eben gerade nicht, ihn als ein Exemplar der biologischen Spezies Mensch höher zu schätzen, sondern »ihn als Mitglied der Anerkennungs- und Ach-

---

[113] Vertiefende Diskussion: G. Damschen / D. Schönecker (Hrsg.), Der moralische Status menschlicher Embryonen, 2003; eingehend auch *R. Merkel*, Forschungsobjekt Embryo, 2002, S. 128 ff.; kompakt *Heun*, Humangenetik (Fn. 92), S. 201 ff.

[114] *K. Seelmann*, Haben Embryonen Menschenwürde?, in: Kettner, Biomedizin (Fn. 53), S. 63 ff. (69) konstatiert kurz und knapp, daß eine Argumentation, »die ohne weitere Begründung das Innehaben von Menschenwürde allein von der Spezieszugehörigkeit abhängig macht«, in der Fachdiskussion »angesichts ihrer gänzlichen Begründungslosigkeit als widerlegt gelten« könne.

tungsgemeinschaft der sozialen Welt (zu) achten.«[115] Der Philosoph Ludwig Siep hat es so auf den Punkt gebracht: »Dass wir geborenes menschliches Leben unabhängig von seinen tatsächlichen Fähigkeiten unter den Schutz der Menschenwürde stellen, ist ein Resultat der Ausdehnung normativer Ansprüche auf alle geborenen Mitglieder der Gattung. Es sprechen überwältigende Gründe dafür. Aber daraus ist nicht zu erschließen, dass jeder Stufe des ungeborenen menschlichen Lebens derselbe Schutz eines solchen ›Gattungsmitgliedes‹ zukäme. Eine Abstufung nach unterschiedlichen Entwicklungsstadien, wie sie in vielen Rechtsordnungen der Welt vorkommt, widerspricht nicht der ethischen Bedeutung der Gattungszugehörigkeit.«[116] Von daher ergibt sich aus dem Spezies-Argument für die vorliegende Problematik keine greifbare Konsequenz[117].

bb) Das *Kontinuitäts-Argument* verweist auf den anscheinend fließend verlaufenden Prozeß von der Befruchtung bis zur Geburt, der insofern keine Zäsuren kenne. Aber natürlich gibt es in diesem Prozeß durchaus einschneidende Entwicklungsschritte, deren wichtigster die Einnistung der Blastocyste ist, ein enorm schwieriger und wohl auch deshalb nur in einem Drittel aller Fälle gelingender Prozeß, weil hier ein Organismus einen anderen, genetisch fremden Organismus aufnehmen muß. Widerlegt ist damit die immer wieder zu hörende These, jeder Embryo werde sich zu einem Menschen oder würde sich ohne gegenläufige menschliche Eingriffe dahin entwickeln. Richtig ist: jeder von uns war einmal eine Blastocyste. Aber nicht jede Blastocyste führt zu einer Schwangerschaft und zur Geburt eines Menschen: »Jeder von uns war einmal eine befruchtete Eizelle, aber nicht jede befruchtete Eizelle wird jemand von uns.«[118] Zwei Drittel aller befruchteten Eizellen *in vivo* gelangen nicht in den Uterus, sondern gehen unbemerkt mit der Monatsblutung ab. Befruch-

---

[115] *Fischer*, Grundkurs Ethik (Fn. 62), S. 396.

[116] *L. Siep*, Die Bedeutung der menschlichen Gattungszugehörigkeit für eine konkrete Ethik, in: P. Dabrock / R. Denkhaus / S. Schaede (Hrsg.), Gattung Mensch, 2010, S. 281 ff. (294).

[117] Vertiefend zur Struktur des Speziesarguments *M. Schark*, Zur moralischen Relevanz des Menschseins, in: Dabrock / Denkhaus / Schaede, Gattung Mensch (Fn. 116), S. 297 ff. (300). Siehe noch *Merkel*, Forschungsobjekt (Fn. 113), S. 131 ff.

[118] *Schröder*, Stellungnahme (Fn. 80), S. 4.

tete Eizellen *in vitro* können sich nicht selbständig weiterentwickeln, sondern bedürfen spätestens ab dem zehnten Tag der Implantation in den weiblichen Körper; andernfalls sterben sie ab. Schon diese statistisch geringe Erfolgsquote spricht eine deutliche Sprache und widerlegt die Vorstellung eines unbeirrbar ablaufenden Entwicklungsprozesses. Christiane Nüsslein-Volhard, Nobelpreisträgerin für Medizin, hat einmal bemerkt, es gebe kaum etwas Diskontinuierlicheres als die Nidation[119]. Auch sonst trägt das Kontinuitätsargument kaum etwas wesentliches aus. Denn schon die alten Griechen wußten, daß wir in der Lage sind, qualitativ unterschiedliche Zustände innerhalb eines kontinuierlichen Vorgangs zu erkennen, obwohl wir den exakten Zeitpunkt des Übergangs von einem Zustand (einige Sandkörner) zu einem anderen (ein Sandhaufen) nicht benennen können: das Sorites-Paradoxon[120]. Es ist klar, daß drei Sandkörner noch keinen Sandhaufen ausmachen. Wenn wir einige weitere hinzufügen, haben wir ebenfalls noch keinen Sandhaufen. Aber wenn wir den Vorgang tausend- oder gar millionenfach wiederholen, liegt ein solcher Haufen (*soros*) zweifelsohne vor. Welches einzelne Sandkorn die Ansammlung weniger Körner zu einem Haufen werden läßt, läßt sich nicht sagen. Aber wir können sehr wohl einen Sandhaufen von einer Ansammlung von wenigen Sandkörnern unterscheiden. Gleiches gilt für den Prozeß sukzessiven Haarausfalls, der schließlich zur absoluten Kahlköpfigkeit führt. Allgemein gesprochen: auch wenn an keinem bestimmten Punkt eines kontinuierlichen Prozesses (Sandhaufenbildung, Haarausfall) klare Zäsuren hervortreten, können wir doch ganz unterschiedliche qualitative und quantitative Zustände (wenige Sandkörner – Sandhaufen; fast voller Haarschopf – Kahlkopf) ausmachen. Das gilt auch für die Entwicklung des Embryos.

---

[119] C. *Nüsslein-Volhard*, Das Werden des Lebens, 2004, S. 190: »Die Zygote hat lediglich das Potential, eine Blastocyste zu bilden, die aus der Eihülle schlüpfen muß, um mit der Einnistung in das nächste Stadium der Entwicklung einzutreten. Biologisch gesehen gibt es fast nichts Diskontinuierlicheres in einer Entwicklung als einen solchen Vorgang, bei dem sich der Embryo in direkten zellulären Kontakt mit einem anderen Organismus begibt.«

[120] Auch Haufen-Schluß genannt, im englischen *paradox of the heap*. Ausführliche Darstellung bei R. M. *Sainsbury*, Paradoxien, 4. Aufl. 2010, S. 86 ff.

cc) Das Argument der *Identität* stellt entscheidend darauf ab, daß wir unsere eigene Existenz etwa anhand unserer Erinnerung, verläßlicher noch anhand von Bildern zurückverfolgen können: bis in unsere Jugend, unsere Kindheit, bis zum Zeitpunkt unserer Geburt, noch weiter zurück bis zum Fötusstadium und zum Embryonalstadium (etwa mit Hilfe von Ultraschallaufnahmen). Diese Perspektive des Rückblicks des geborenen Menschen auf seine Entwicklung liegt im übrigen auch Psalm 139 zugrunde (und nicht, wie viele meinen, der Beweis dafür, daß die Bibel dem Embryo personalen Status beimesse). Aber die Rückverfolgung der eigenen Biographie in der sicheren Gewißheit »das war einmal ich« gelingt nur bis zu der Phase, ab der in der frühembryonalen Entwicklung Mehrlingsbildung definitiv ausgeschlossen ist, und das ist der Zeitpunkt von Individuation und Nidation. Erst von da an, also ungefähr zwei Wochen nach der Befruchtung, ist der Satz sinnvoll und richtig: »Das bin ich« bzw. »Daraus konnte nur ich werden«. Für die biomedizinisch entscheidende Phase davor trifft der Satz nicht zu, sondern geht ins Leere[121].

dd) Und die *Potentialität?* Mit diesem Argument projiziert man den späteren vollen Rechtsstatus des geborenen Menschen auf das frühe und früheste Stadium mit dem Hinweis zurück, daß der frühe Embryo ein potentieller geborener Mensch sei[122]. Die Veränderung, die zwischen dem embryonalen Stadium und dem geborenen Menschen unzweifelhaft liegt, wird gleichsam »stillgelegt und für das ethische Urteil mit Hilfe des Potentialitätsarguments neutralisiert: Jede befruchtete Eizelle soll als potentieller Mensch betrachtet werden. Was als Möglichkeit angelegt ist, wird so betrachtet, als ob es schon Wirklichkeit ist.«[123] Zu erinnern ist aber zunächst daran, daß diese Potentialität der befruchteten Eizelle im ersten Entwicklungsstadium auch *in vivo* sehr gering ist, da es nur jeder dritten Zygote

---

[121] Näher *Merkel*, Forschungsobjekt (Fn. 113), S. 178 ff.; *Heun*, Embryonenforschung (Fn. 66), S. 521 ff.; *ders.*, Humangenetik (Fn. 92), S. 206 ff.; s. auch *Seelmann*, Embryonen (Fn. 114), S. 73 f.

[122] Vertiefte Gegenargumentation bei *B. Schöne-Seifert*, Contra Potentialitätsargument: Probleme einer traditionellen Begründung für embryonalen Lebensschutz, in: Damschen / Schönecker (Fn. 113), S. 169 ff.; *Heun*, Humangenetik (Fn. 92), S. 204 ff.

[123] So (beschreibend) *Tanner*, Streit (Fn. 87), S. 407.

gelingt, sich im weiblichen Uterus einzunisten[124]. Danach aber steigt die Wahrscheinlichkeit der Geburt dramatisch an, falls keine destruierenden Eingriffe wie die Abtreibung erfolgen. *In vitro* zeigt sich eine noch geringere Potentialität. Denn ohne eine Implantation ist die Blastocyste nach zehn oder zwölf Tagen in vitro zum Absterben verurteilt. Niemand wird eben geboren ohne seine Mutter[125]. Doch ganz unabhängig von solchen Hinweisen auf die tatsächliche Entwicklung ist festzuhalten, daß es »keiner in anderen Bewertungszusammenhängen oder in der Rechtsordnung anerkannten Vorstellung (entspricht), den zukünftigen Rechtsstatus eines Wesens auch schon seinen vorangehenden Entwicklungsphasen zuzuschreiben.«[126] Der Prinz hat noch nicht die Rechte eines Königs, der Schüler nicht die eines Studenten, der Unmündige verfügt noch nicht über das ihm später zukommende Wahlrecht. Bei dem Versuch, einen später erworbenen Status bereits in einer früheren Entwicklungsstufe in Ansatz zu bringen, handelt es sich aber nicht allein um eine gedanklich ganz ungewöhnliche, sondern um eine durchaus nicht risikolose Operation. John Harris hat mit typisch britischem Humor angemerkt, wir alle müßten sterben und seien in diesem Sinne gewiß potentielle Leichen – das sei aber kein guter Grund, uns schon heute als solche zu behandeln[127].

d) Die Schutzpflichtdimension des Art. 2 Abs. 2 GG

Bevor wir uns der Forschung zuwenden, sei auf einen oft übersehenen Punkt hingewiesen. In der bioethischen Debatte wird mit Fokussierung auf die frühen Embryonen Art. 2 Abs. 2 S. 1 GG gern

---

[124] *Tanner*, Streit (Fn. 87), S. 408: »Wir wissen, dass aus vielen befruchteten Eizellen nie ein Mensch entstehen wird, dass der Unterschied zwischen Möglichkeit und Wirklichkeit gravierend ist.« Dazu, daß angesichts einer solchen geringen Quote das Potentialitätsargument nicht verfängt, *M. Anderheiden*, »Leben« im Grundgesetz, in: KritV 84 (2001), S. 353 ff. (380).

[125] *R. Schröder*, Ab wann ist der Mensch ein Mensch?, in: Tagesspiegel v. 29.2.2008.

[126] *Deutscher Ethikrat*, Präimplantationsdiagnostik. Stellungnahme, 2011, S. 108 (Mehrheitsvotum).

[127] *J. Harris*, Der Wert des Lebens, 1995, S. 39.

allein als (mögliches) Argument *gegen* die Biotechnologie ins Feld geführt. Die Norm streitet aber zugleich auch *dafür* – nämlich insofern, als die dabei erzielten wissenschaftlichen Erkenntnisse zu neuen Diagnose- oder Therapieverfahren im Bereich der Humanmedizin führen könnten. So erfolgt etwa die Forschung an überzähligen Embryonen mit der ausdrücklichen Zielsetzung, qua Einsicht in die zellulären Prozesse Möglichkeiten ihrer Re-Programmierung zu entwickeln, wodurch eines Tages Patienten therapiert werden könnten, die heute noch an unheilbaren und oft qualvollen Krankheiten leiden. Aufgrund dieser Langfristperspektive treten der Schutz von Leben und Gesundheit verstärkend zugunsten von biotechnischen Praktiken wie Embryonenforschung oder therapeutischem Klonen auf, insofern damit die Verbesserung medizinischer Therapien und die Erhöhung von Heilungschancen angestrebt werden. Den Staat trifft nach gefestigter Judikatur des Bundesverfassungsgerichts aus Art. 2 Abs. 2 S. 1 GG nicht nur die Pflicht, verletzende Eingriffe in jedermanns Leben und Gesundheit zu unterlassen, vielmehr hat er sich auch »schützend und fördernd« vor die Grundrechte zu stellen[128]. Aufgrund dieser Schutzpflichtdimension ist die Norm eben auch eine »Stütze freier medizinischer Forschung und kann durchaus forschungsfördernd wirken«[129]. Die daraus ableitbare Mindestforderung geht dahin, entsprechende Entwicklungsmöglichkeiten nicht von vornherein durch verfassungsrechtlich ohnehin nur schwer zu rechtfertigende absolute Forschungsverbote[130] zu vereiteln.

---

[128] Das ist auch in der Lehre praktisch einhellig anerkannt. Statt aller *Schulze-Fielitz* (Fn. 69), Art. 2 II Rn. 76 ff. mit breiten Nachweisen aus Judikatur und Literatur. Eingehend zur Schutzpflichtendimension des Art. 2 Abs. 2 S. 1 GG etwa G. *Hermes*, Das Grundrecht auf Schutz von Leben und Gesundheit, 1987, S. 43 ff.; überblicksartig *J. Dietlein*, Die Lehre von den grundrechtlichen Schutzpflichten, 2. Aufl. 2005, S. 75 ff.; allgemein zu grundrechtlichen Schutzpflichten *Lange*, Grundrechtsbindung (Fn. 37), S. 397 ff.

[129] *E. Schmidt-Aßmann*, Grundrechtspositionen und Legitimationsfragen im öffentlichen Gesundheitswesen, 2001, S. 55.

[130] Instruktiv *R. Neidert*, Forschungsverbote im Embryonenschutzgesetz und ihre Grenzen – mit einem Exkurs zum Stammzellgesetz, in: Nova Acta Leopoldina NF 96 (2007), S. 207 ff.; *Schmidt-Aßmann*, Grundrechtspositionen (Fn. 129), S. 52 ff.

3. Forschungsfreiheit (Art. 5 Abs. 3 GG)

a) Subjektive und objektive Bedeutung

Damit sind wir nun bei der Forschung und somit der Wissenschaftsfreiheit, deren grundrechtliche Gewährleistung in Art. 5 Abs. 3 GG
auf eine lange ideen- und verfassungsgeschichtliche Tradition zu-
rückblicken kann[131]. Daß es sich hierbei um ein klassisches Frei-
heitsrecht handelt, bedeutet zunächst: es gilt das rechtsstaatliche
Verteilungsprinzip[132], wonach nicht die Freiheitsausübung des
Einzelnen, sondern deren Beschränkung durch den Staat rechtfer-
tigungsbedürftig ist. Schon von daher kann es keine in bioethischen
Diskursen des öfteren angemahnte Bringschuld der Wissenschaft
geben, wodurch im übrigen das Wesen der Forschung als eines ergeb-
nisoffenen Prozesses verkannt würde. Ganz unstreitig sollte auch sein,
daß der Wissenschaftsfreiheit in der modernen Wissensgesellschaft
eine besonders herausgehobene Bedeutung zukommt. Das Bundesverfassungsgericht spricht ihr treffend eine »Schlüsselfunktion …
sowohl für die Selbstverwirklichung des Einzelnen als auch für die
gesamtgesellschaftliche Entwicklung« zu[133]. Dieser hohen Bedeutung
trägt das Grundgesetz auch dadurch Rechnung, daß es die Freiheit
von Wissenschaft und Forschung als sog. vorbehaltloses Grundrecht
ausgestaltet hat, was bedeutet: ihm ist normtextlich kein Gesetzesvorbehalt hinzugefügt worden[134]. Auch wenn das seinen besonderen
Rang unterstreicht, besteht doch insoweit absolute Einigkeit, daß

---

[131] H. Zwirner, Zum Grundrecht der Wissenschaftsfreiheit, in: AöR 98 (1973),
S. 313 ff.

[132] Zurückzuführen auf C. Schmitt, Verfassungslehre, 1928, S. 126 u. ö. Es geht
hierbei im Kern um die Verteilung von Begründungslasten zwischen Individuum
und Staat: Dreier (Fn. 39), Vorbemerkungen Rn. 120.

[133] BVerfGE 35, 79 (114).

[134] Hierzu und zum folgenden in grundrechtsdogmatischer Perspektive vertiefend Dreier (Fn. 39), Vorbemerkungen Rn. 139 ff.; monographisch S. Lenz, Vorbehaltlose Grundrechte, 2006; siehe ferner H.-J. Papier, Vorbehaltlos gewährleistete
Grundrechte, in: D. Merten / H.-J. Papier (Hrsg.), Handbuch der Grundrechte
in Deutschland und Europa, Bd. III, 2009, § 64 Rn. 17 ff., 49 ff., 73 ff.; G. Britz,
in: H. Dreier (Hrsg.), Grundgesetz-Kommentar, Bd. I, 3. Aufl. 2013, Art. 5 III
(Wissenschaft), Rn. 41.

damit Einschränkungen nicht ausgeschlossen sind, wenngleich diese in Gestalt gegenläufiger Rechtsgüter nur aus der Verfassung selbst abgeleitet werden können. Vorbehaltlos meint nicht schranken- oder grenzenlos. Das läßt sich grundrechtsdogmatisch unschwer aus dem Gedanken der Einheit der Verfassung und der Notwendigkeit der Abstimmung konkurrierender und konfligierender Grundrechtsausübungsansprüche herleiten und kann schon deswegen gar nicht anders sein, weil wir alle um die Ambivalenz des Fortschritts wissen, der eben oft unzweifelhaft ein technisch-wissenschaftlicher, nicht zwingend aber immer zugleich ein humaner ist. Insoweit dürfte das Stichwort »Dialektik der Aufklärung« (Adorno/Horkheimer) vollständig ausreichen, ohne daß noch näher auf weitere zur Illustration geeignete Phänomene eingegangen werden müßte[135].

b) *Embryonenforschung: eine Form von Menschenversuchen?*

Prinzipiell ausgeschlossen sind Schranken für die Forschung also nicht. Aber sind sie in den Fällen der Forschung an überzähligen Embryonen, um dieses Beispiel zu nennen, berechtigt? Klar ist eines, und dieser Konsens steht felsenfest. Kein noch so hochrangiges Forschungsziel und kein noch so gewaltiger Erkenntnisfortschritt kann das Opfer eines *geborenen* Menschen verlangen[136]. Die oft und sehr zu Recht beschworene Ethik des Heilens stößt insofern an eine klar definierte Grenze. Menschenexperimente à la Mengele stellen exemplarische Würdeverletzungen dar und verbieten sich von selbst. Ganz abgesehen von solchen Extremfällen: selbst wenn wir gedankenexperimentell einmal annehmen wollten, es wäre möglich, durch die Tötung und die anschließende Organentnahme *eines* Menschen das Leben von *drei anderen* schwerkranken Menschen zu retten, so würden wir eine solche »utilitaristische Gesamtkalkulation auf Kosten des Individuums«[137] als menschenverachtend ablehnen – und dies völlig zu Recht. Keine seriöse Stimme in der bioethischen Debatte

---

[135] Kompakt-reflektierte Überlegungen bei *L. Siep,* Die bioethische Neuerfindung des Menschen, in: *G. Apel* (Hrsg.), Kreativität, 2006, S. 306 ff.

[136] Vgl. schon bei und in Fn. 61.

[137] *N. Hoerster,* Ethik des Embryonenschutzes, 2002, S. 34.

stellt das in Frage. Hier ist das Instrumentalisierungsverbot absolut
einschlägig.

Damit ist aber die Ausgangsfrage nach der Zulässigkeit von Forschung an embryonalen Stammzellinien, die wiederum die Zerstörung von Blastocysten voraussetzt, noch nicht beantwortet. Alles
hängt insofern wieder vom rechtlichen und moralischen Status der
frühen Embryonen und somit davon ab, ob das pränidative Leben
in den ersten maximal zwölf Tagen nach der Befruchtung mit dem
Leben geborener Menschen oder auch nur dem individuierten pränatalen *nasciturus* gleich zu gewichten ist. *Wenn* Blastocysten den
gleichen Rechtsschutz genießen wie Geborene, dann verbietet sich
jede Forschung an ihnen. *Dann* ist aber im Grunde genommen auch
jede weitere Debatte darüber zu Ende. Über Versuche à la Mengele
diskutiert man nicht, man ruft auch nicht nach ethischem Rat oder
einem Ethikrat, sondern man ruft schlicht die Polizei. *Wenn* voller
Würde- und Lebensschutz für Embryonen im pränidativen Stadium
gilt, *dann* sind auch jene – oft als schrill bezeichneten und letztlich
nicht ganz ernst genommenen – Stellungnahmen in der bioethischen
Debatte im Grunde nur konsequent, wie man sie ab und an, häufig
von kirchlichen Würdenträgern, hört – *dann* ist Forschung an überzähligen Embryonen tatsächlich mit Menschenopfern gleichzusetzen
und die Parallele zu Menschenversuchen des NS-Systems im Grunde
zwingend[138]. *Wenn* der frühe Embryo unser Mitbürger[139] ist und wir
ihn lediglich zur Beförderung unserer Wohlfahrt zerstückeln, *dann*
hat Kardinal Meisner mit seiner Bemerkung recht, es handele sich
bei der Embryonenforschung um die Tötung kleiner Menschen und
einen Akt des Kannibalismus[140]. Auch die Beratungsbescheinigungen

---

[138] G. P. *Hefty*, Die im Dunkeln, in: FAZ Nr. 24 v. 29.1.2002, S. 1 mit unmittel-
barem Vergleich von NS-Menschenversuchen und Embryonenforschung und
der anschließenden rhetorischen Frage: »Hängt das Mitgefühl jedoch lediglich
davon ab, daß die damaligen lebenden Objekte Gesichter hatten und die heute
verbrauchten Embryonen (noch) nicht?«
[139] P. *Bahners*, Bürger Embryo, in: FAZ Nr. 150 v. 2.7.2001, S. 43.
[140] So *Joachim Kardinal Meisner* in der Pfingstpredigt 2001 (siehe SPIEGEL v.
3.6.2001); *ders.*, Am Deich gibt es keine Kompromisse, in: FAZ Nr. 19 v. 23.1.2002,
S. 12, wo er die verbrauchende Embryonenforschung als »Tötung kleiner Men-

beim Schwangerschaftsabbruch wären als »Tötungslizenzen« (Erzbischof Dyba) ziemlich exakt eingeordnet.

Konsequenterweise müßte dann im übrigen die Schweizer Regelung, der zufolge kryokonservierte überzählige Embryonen nur für einen bestimmten Zeitraum aufbewahrt werden dürfen[141], als gesetzliche Anordnung gezielter Menschenvernichtung eingestuft – und entsprechend skandalisiert werden. Überhaupt lohnt mit Blick auf andere Staaten die Kontrollüberlegung, ob eigentlich das, was dort erlaubt ist, in Deutschland nicht nur einfachgesetzlich verboten, sondern diese Verbote ihrerseits durch höchste Verfassungsrechtssätze wie Menschenwürde und Lebensschutz zwingend und unverrückbar festgeschrieben sind. Hubert Markl hat einmal spöttisch angemerkt, daß die USA wohl kaum ein »ethisch-rechtliches Entwicklungsland oder gar Notstandsgebiet« seien und Großbritannien »kein moralisch degenerierter Unrechtsstaat, der von deutscher Moralaufsicht her Belehrung nötig hätte«[142]. Gerade das Beispiel Großbritannien führt uns vor Augen, daß wir uns als Mitglied der Europäischen Union, die sich ja stolz zu gemeinsamen Werten, Verfassungsprinzipien und Grundrechten bekennt, fragen müßten, ob nicht schleunigst ein Vertragsverletzungsverfahren gegen solche Mitgliedstaaten einzuleiten wäre, bei denen etwa die verbrauchende Embryonenforschung erlaubt ist. Denn wenn man deren Verbot in Deutschland darauf stützt, ihre Zulassung verletze die Menschenwürde und das Lebensrecht der frühen Embryonen, so erscheint das Urteil unausweichlich, daß in jenen anderen Staaten durch die Zulassung entsprechender Praktiken systematisch derartige ungeheuerliche Rechtsverstöße erfolgen. Doch zeigt dieser Gedanke auch, daß man vielleicht noch einmal innehalten und die Überlegung ins Konstruktive wenden

---

schen« bezeichnet bzw. davon spricht, daß damit »Menschen am Beginn ihrer Existenz getötet werden dürfen«.

[141] *H.-G. Koch*, Forschung mit embryonalen Stammzellen im Rechtsvergleich, in: U. H. J. Körtner / C. Kopetzki (Hrsg.), Stammzellforschung – Ethische und rechtliche Aspekte, 2008, S. 233 ff. (241); *R. J. Schweizer*, Das Schweizerische Stammzellenforschungsgesetz vom 19. Dezember 2003, ebd., S. 297 ff. (303, 306).

[142] *H. Markl*, Ein Mensch ist ein Mensch ist ein Schaf?, in: Universitas 2000, S. 995 ff. (1007 f.). Solcherart Vorhaltungen müßten dann natürlich auch Israel gemacht werden.

sollte, indem man sich fragt, ob die Berufung der deutschen Gegner
der Biotechnologie auf unsere verfassungsrechtlichen Höchstwerte
wirklich tragfähig ist. Könnte nicht gerade der Umstand der Zulassung bestimmter biotechnischer Verfahren in anderen und partiell
durchaus älteren Grundrechtsdemokratien als Indikator dafür gelten,
daß sie nicht gegen Menschenwürde und Lebensrecht verstoßen?[143]

Diese Frage läßt sich zweifelsohne nach vorheriger Vergewisserung
darüber leichter beantworten, welche Regelungen der deutsche Gesetzgeber eigentlich konkret getroffen und welche Abwägungen er
dabei vorgenommen hat.

---

[143] In diese Richtung auch *H. Schulze-Fielitz*, Verfassungsvergleichung als
Einbahnstraße?, in: Verfassung im Diskurs der Welt. Liber amicorum für Peter
Häberle zum 70. Geburtstag, 2004, S. 355 ff. (377 f.).

IV. Zweiter Anwendungsdiskurs:
Konkrete gesetzgeberische Entscheidungen

1. Schwangerschaftsabbruch (§§ 218a ff. StGB)

Beim zweiten Anwendungsdiskurs fällt unser Blick zunächst auf den Schwangerschaftsabbruch, weil es auch hier um den pränatalen Bereich sowie die verfassungsrechtlichen Schutzgüter der Art. 1 Abs. 1 und 2 Abs. 2 GG geht. Näheres Hinsehen ergibt, daß den einschlägigen gesetzlichen Regelungen der §§ 218 ff. StGB das Konzept eines gestuften vorgeburtlichen Lebensschutzes zugrunde liegt[144]. Das mag überraschen, wenn man die Worte des Bundesverfassungsgerichts im Ohr hat, wonach es prinzipiell keine Abstufungen des Lebensrechts und seines Schutzes geben dürfe[145]. Schaut man aber nicht auf die leitsatzmäßigen Prämissen der Urteile, sondern darauf, welche Regelungen als verfassungsgemäß angesehen wurden – und das ist es, was letztlich zählt –, so ergibt sich etwas anderes: nämlich der auch unseren reflektierten moralischen Intuitionen entsprechende gradualisierte Schutz, der umso stärker wird, je näher der Zeitpunkt der Geburt rückt. Rekapitulieren wir die wesentlichen Stufen.

a) Schutzlosigkeit in der pränidativen Phase

Das Gericht akzeptiert ohne weiteres die Bestimmung des § 218 Abs. 1 S. 2 StGB und damit die Zulässigkeit nidationshemmender Kontrazeptiva. Im Falle der natürlichen Zeugung bleibt die pränidative Phase von der Befruchtung der Eizelle bis hin zur endgülti-

---

[144] *H. Dreier*, Stufungen des vorgeburtlichen Lebensschutzes, in: ZRP 2002, S. 377 ff.; *ders.*, Grenzen (Fn. 98), S. 267 ff.; siehe des weiteren bei und in Fn. 161. – Im folgenden greife ich auf einzelne Passagen aus den beiden erstgenannten Publikationen zurück.

[145] BVerfGE 39, 1 (37); 88, 203 (254).

gen Einnistung in den Uterus ungefähr zwei Wochen danach (sog.
Nidation) strafrechtlich ganz und gar ungeschützt. § 218 Abs. 1 S. 2
StGB erklärt ausdrücklich, daß »Handlungen, deren Wirkung vor
Abschluß der Einnistung des befruchteten Eies in der Gebärmutter
eintritt«, nicht als Schwangerschaftsabbruch gelten. Da der Embryo
strafrechtlich nicht als Mensch gilt, sind entsprechende Handlungen
wie die Benutzung einer Spirale oder der »Pille danach« auch nicht
als Tötungshandlung untersagt[146]. Zur Erklärung dieser Rechtslage
wird zuweilen darauf hingewiesen, daß der Gesetzgeber im sexuellen
Intimbereich nicht regulierend oder verbietend eingreifen könne.
Doch natürlich könnte er hier ohne jeglichen Eingriff in den höchstpersönlichen Bereich mit einem schlichten Produkt- und Vertriebs-
verbot operieren, was im Falle der »Pille danach« ja auch themati-
siert, nicht aber realisiert wurde. Die pränidative Phase (die ersten
zwölf Tage nach der Befruchtung) *in vivo* ist also gänzlich schutzlos
gestellt – das ist die erste Stufe.

b) Geringer Schutz in den ersten zwölf Wochen

Das Gericht formuliert für die Zeit nach der Nidation gewisse Bedingungen für die Straflosigkeit eines Schwangerschaftsabbruches, die
in der Entscheidung von 1993 die Gestalt eines Beratungskonzeptes
annehmen und in Form des § 218a Abs. 1 StGB umgesetzt wurden.
Danach greift ein erster strafrechtlicher Schutz für den Embryo ein,
der aber denkbar schwach ausgeprägt ist. In den ersten zwölf Wochen
nach der Empfängnis ist gemäß § 218a Abs. 1 StGB der von einem
Arzt auf Wunsch der Frau vorgenommene Abbruch der Schwangerschaft straffrei möglich, wenn dem eine Beratung nach § 219 Abs. 2
StGB vorausgegangen ist[147]. Diese Beratung verlangt aber von der

---

[146] Das Bundesverfassungsgericht hat in seinen beiden Entscheidungen zum
Schwangerschaftsabbruch (BVerfGE 39, 1; 88, 203) diese Regelung zwar erwähnt,
aber mit keinem Wort problematisiert und gänzlich unbeanstandet gelassen.
Siehe dazu auch *U. Schroth*, Forschung mit embryonalen Stammzellen und Präim-
plantationsdiagnostik im Lichte des Rechts, in: JZ 2002, S. 170 ff. (177); *B. Schlink*,
Aktuelle Fragen des pränatalen Lebensschutzes, 2002, S. 8.

[147] *T. Fischer*, StGB, 59. Aufl. 2012, § 218a Rn. 2 ff.; *A. Eser*, in: A. Schönke /
H. Schröder, StGB, 28. Aufl. 2010, § 218a Rn. 2 ff.

Schwangeren nichts weiter als ihre physische Präsenz – weder werden
Erklärungs- oder Darlegungspflichten statuiert noch ist die plausible
Geltendmachung einer irgendwie gearteten Konfliktlage verlangt
oder eine sonstige Indikation erforderlich. So können und werden
es oft eher schlichte und durchaus egoistische Motive sein, die zum
Abbruch der Schwangerschaft führen. Der Sache nach handelt es sich
also um eine Fristenregelung mit rein formeller Beratungspflicht.
Daß der Schwangerschaftsabbruch, wie das Bundesverfassungsgericht statuiert, »für die ganze Dauer der Schwangerschaft grundsätzlich als Unrecht angesehen und demgemäß rechtlich verboten
sein« müsse[148], hat keine greifbaren Konsequenzen, sondern stiftet
lediglich Verwirrung. Denn das Gericht selbst hält das Rechtswidrigkeitsverdikt nicht durch und höhlt es so weit aus, daß von ihm letztlich in der Substanz nichts übrigbleibt. Einerseits schließt das Gericht
in derselben Grundsatzentscheidung im eklatanten Unterschied zu
anderen rechtswidrigen Angriffen auf ein Rechtsgut (wie hier zum
angeblich rechtswidrigen Schwangerschaftsabbruch als Angriff gegen
das Leben des Fötus) die Nothilfe zugunsten des Angegriffenen explizit aus: kein Dritter darf einschreiten, um der rechtswidrigen
Handlung entgegenzutreten. Andererseits statuiert es für den ab-
treibungsbedingten Zeitraum der Abwesenheit vom Arbeitsplatz
Lohnfortzahlungsansprüche der Frau gegen ihren Arbeitgeber, bei
Mittellosigkeit Ansprüche auf Sozialhilfe für die Durchführung der
Abtreibung – also für eine angeblich rechtswidrige Handlung! Und
was ist mit den Ärzten, die diese angeblich rechtswidrige Handlung
durchführen? Sie genießen, wie das Bundesverfassungsgericht in
einer späteren Entscheidung ausdrücklich ausgesprochen hat, dafür
den grundrechtlichen Schutz der Berufsfreiheit[149]. Fazit: Das Bundesverfassungsgericht *bezeichnet* die Abtreibung innerhalb der ersten
zwölf Wochen zwar als Unrecht und als rechtswidrig, *behandelt* sie
aber als rechtmäßig[150]. Von den weit über 100.000 Abtreibungen
pro Jahr, die in der Bundesrepublik Deutschland statistisch erfaßt

---

[148] BVerfGE 88, 203 Leitsatz 4.
[149] BVerfGE 98, 265 (296 ff.).
[150] Insoweit treffend *Hoerster*, Ethik (Fn. 137), S. 60. Demgemäß ist die Formel
»rechtswidrig, aber straffrei« u. a. als Eiertanz, Leerformel, Schleichweg oder

werden, fallen deutlich mehr als 95 % unter diese Regelung. Dieser relativ schwache Schutz des ungeborenen Lebens beschränkt sich aber auf die ersten zwölf Wochen der Schwangerschaft – zweite Stufe.

c) Indikationenabhängige Abtreibung nach zwölf Wochen

Nach diesem Zeitraum lassen Gericht wie Gesetz (§ 218 Abs. 2 StGB) eine Abtreibung nur noch unter sehr viel strengeren Voraussetzungen zu, so daß parallel zum Wachstum des ungeborenen Lebens dessen Schutz deutlich intensiver wird – dritte Stufe. Jetzt sind Abtreibungen nach bloßer Beratung und ohne weitere Voraussetzungen nicht mehr straflos möglich. Für die Rechtfertigung der Tat bedarf es vielmehr des Vorliegens bestimmter Indikationen. Allein dieser Umstand zeigt mit hinlänglicher Deutlichkeit, wie schwach und nur vorgeschoben das oft für die Straflosigkeit der Abtreibung ins Feld geführte Argument ist, der Schutz des ungeborenen Lebens sei eben nur *mit* der Schwangeren und *nicht gegen* sie möglich. Denn warum ist dann ein Schwangerschaftsabbruch nach Beratung innerhalb der ersten zwölf Wochen straflos, ab der 13. Woche aber nicht mehr? Warum kommt jetzt doch das angeblich so untaugliche Strafrecht zum Zuge? Weiterhin bilden Schwangere und Fötus doch die vielzitierte »Zweiheit in Einheit«[151] – diese *Relation* kann es also nicht sein. Doch der *Status* eines der Beteiligten hat sich fortentwickelt: das werdende Leben im Mutterleib ist gewachsen, und der Zeitpunkt der Geburt rückt näher. Parallel dazu wächst auch der Schutzanspruch durch die Rechtsordnung, der durchaus gegen die Schwangere und mit den Mitteln des Strafrechts durchgesetzt wird, wenn es an der geforderten Indikation mangelt. Insbesondere bei der medizinischen Indikation, bei der das Ungeborene Leben und Gesundheit der Schwangeren gefährdet, zeigt sich freilich, daß die Rechtsordnung das Leben eines geborenen Menschen, der Schwangeren, immer noch höher gewichtet als das Leben des nasciturus[152].

Farce etikettiert worden: Nachweise bei *Schmidt-Jortzig*, Rechtsfragen (Fn. 100), S. 34 f.

[151] BVerfGE 88, 203 (253).

[152] Detaillierter hierzu *Dreier*, Grenzen (Fn. 98), S. 269 f.

d) Embryopathische Indikation

Ganz auf dieser gedanklichen Linie eines gestuften vorgeburtlichen Lebensschutzes hat das Gericht schließlich die zum Zeitpunkt der Entscheidung im Jahre 1993 noch gültige Regelung akzeptiert, wonach bei embryopathischer Indikation die Abtreibung nicht strafbar bzw. gerechtfertigt ist. Die hinreichend genaue Umgrenzung der embryopathischen Indikation vorausgesetzt, hatte das Bundesverfassungsgericht hier eine der Konstellationen angenommen, »in denen schutzwürdige Positionen einer schwangeren Frau sich mit solcher Dringlichkeit geltend machen, daß jedenfalls die staatliche Rechtsordnung – unbeschadet etwa weitergehender moralischer oder religiös begründeter Pflichtauffassungen – nicht verlangen kann, die Frau müsse hier dem Lebensrecht des Ungeborenen unter allen Umständen den Vorrang geben«[153]. Das gilt (bzw. galt) freilich nur bis zur 22. Schwangerschaftswoche[154]. Der Grund für diese Zäsur liegt darin, daß ungefähr ab diesem Zeitpunkt die extrauterine Lebensfähigkeit des Fötus beginnt, was die These vom gestuften, wachsenden Lebensrecht des Ungeborenen ein weiteres Mal plastisch illustriert und eine vierte Stufe markiert. Nach geltender Rechtslage spielt diese zeitliche Limitierung aber keine Rolle mehr. Denn seit 1995 kennt das Strafgesetzbuch nur noch eine Indikation, die medizinische, in der die embryopathische »aufgegangen« ist[155]. Die auf Druck

---

[153] BVerfGE 88, 203 (256 f.).

[154] Nach der gesetzlichen Formulierung (§ 218a Abs. 2 Nr. 1 i. V. m. § 218 Abs. 3 [bis 15.6.1993] bzw. § 218a Abs. 3 StGB [bis 30.9.1995]) war bis zu diesem Zeitpunkt eine Abtreibung nicht strafbar bzw. nicht rechtswidrig, wenn nach ärztlicher Erkenntnis »dringende Gründe für die Annahme sprechen, daß das Kind infolge einer Erbanlage oder schädlicher Einflüsse vor der Geburt an einer nicht behebbaren Schädigung seines Gesundheitszustandes leiden würde, die so schwer wiegt, daß von der Schwangeren die Fortsetzung der Schwangerschaft nicht verlangt werden kann.« Judikatur wie Literatur hatten die ältere Formulierung (»nicht strafbar«) ebenso als Rechtfertigungsgrund verstanden wie die jüngere Formulierung (»ist gerechtfertigt«): siehe nur *Fischer* (Fn. 147), § 218a Rn. 14.

[155] Vgl. *W. Gropp*, in: W. Joecks / K. Miebach (Hrsg.), Münchener Kommentar zum StGB, Bd. 3, 2003, § 218a Rn. 33: »Obwohl § 218a idF des SFHÄndG und im Unterschied zur Indikationslösung von 1976 eine embryopathische und eine allgemeine Notlagenindikation nicht mehr formuliert, besteht Einigkeit darin, dass

der Behindertenverbände und Kirchen vorgenommene Streichung
wurde im wesentlichen mit der in der Indikation liegenden Diskriminierung von Behinderten begründet. Eine Norm erfaßt jetzt
zwei völlig unterschiedliche Konstellationen: sowohl diejenige, daß
die Mutter gesund, das Kind aber geschädigt ist (embryopathische
Indikation), wie auch die, daß das Kind gesund ist, aber das Leben
der Mutter gefährdet (medizinische Indikation). Infolgedessen sind
für die embryopathische Konstellation die von 1993 bis 1995 geltende
Beratungspflicht ebenso wie die Frist von 22 Wochen und schließlich
desgleichen die gesonderte statistische Erfassung entfallen. Nach
dieser neuen Rechtslage sind Spätabtreibungen in Fällen möglich,
in denen die extrauterine Lebensfähigkeit des Fötus gegeben wäre,
ohne daß dieser das Leben der Schwangeren gefährdete[156]. Diese
Formen der Spätabtreibung sind seit längerem Gegenstand einer
rechtspolitischen Diskussion[157], wobei sich hier eine baldige Revision
nicht abzeichnet.

e) Medizinische Indikation

Als unproblematisch erscheint allein seit jeher die klassische medizinische Indikation im engen Sinne, bei der die Leibesfrucht das Leben
oder die Gesundheit der Mutter bedroht. Daß hier ein Schwangerschaftsabbruch selbst in einem sehr späten Stadium bis kurz vor der
Geburt – fünfte Stufe – ohne Rechtswidrigkeitsverdikt vorgenommen
werden darf (§ 218a Abs. 2 StGB[158]), zeigt erneut, daß auch der stark

---

Konfliktlagen dieser Art unter bestimmten Umständen als Fälle der medizinisch-
sozialen Indikation eingeordnet werden können.«

[156] Von den rd. 3000 medizinisch indizierten und in aller Regel deutlich
nach der zwölften Woche durchgeführten Abtreibungen betreffen die wenigsten
den eigentlichen Fall der Gefährdung des Lebens der Mutter. Die allermeisten
sind »embryopathisch motiviert, wenn auch unter einer Tarnkappe« (*B. Schöne-
Seifert*, in: Ausschuß für Gesundheit, Wortprotokoll 42. Sitzung vom 25. Mai 2011
[Protokoll Nr. 17/42], S. 23).

[157] *N. Hoerster/J. Rüttgers*, Zulässigkeit von Spätabtreibungen? Pro und Contra, in: ZRP 2007, S. 71.

[158] § 218a Abs. 2 StGB lautet: »Der mit Einwilligung der Schwangeren von
einem Arzt vorgenommene Schwangerschaftsabbruch ist nicht rechtswidrig,
wenn der Abbruch der Schwangerschaft unter Berücksichtigung der gegen-

angewachsene Schutz des möglicherweise außerhalb des Mutterleibes schon lebensfähigen Fötus dem eines geborenen Menschen nicht gleichkommt. Gälte hingegen voller Lebens- und Würdeschutz »von Anfang an«, so wäre es keineswegs selbstverständlich, im Konfliktfall die Entscheidung immer und ausnahmslos zugunsten der Schwangeren und zuungunsten des nasciturus ausfallen zu lassen – und schon gar nicht, die entsprechende Handlung strafrechtlich als gerechtfertigt anzusehen. Stimmig ist die medizinische Indikation nur, wenn man von der Ungleichwertigkeit geborenen und ungeborenen Lebens ausgeht und dem Leben der Schwangeren Priorität einräumt[159].

f) Fazit: Gestufter vorgeburtlicher Lebensschutz

Nach geltendem Recht ist also von einem anfangs gänzlich fehlenden, nach der Nidation kontinuierlich stärker werdenden Schutz des ungeborenen Lebens auszugehen. Dabei kommt es weniger auf die einzelnen Zäsuren als auf die stete graduelle Steigerung an. Jene Struktur (geringer Schutz am Anfang, stärker werdender Schutz mit dem Voranschreiten der Schwangerschaft) findet sich in den Rechtsordnungen der meisten Staaten verankert[160]. Bemerkenswer-

---

wärtigen und zukünftigen Lebensverhältnisse der Schwangeren nach ärztlicher Erkenntnis angezeigt ist, um eine Gefahr für das Leben oder die Gefahr einer schwerwiegenden Beeinträchtigung des körperlichen oder seelischen Gesundheitszustandes der Schwangeren abzuwenden, und die Gefahr nicht auf eine andere für sie zumutbare Weise abgewendet werden kann.«

[159] Diese Konstellation wird nunmehr im katholischen Kirchenrecht als einziger Strafbefreiungsgrund i. S. v. c. 1323 4° für den sonst nach c. 1398 CIC strafbaren Schwangerschaftsabbruch anerkannt: vgl. K. Lüdicke, in: ders. (Hrsg.), Münsterischer Kommentar zum Codex Iuris Canonici, Can. 1323 (1992), Rn. 12. – Beispiel für eine seltene Stellungnahme, wonach wegen der Gleichwertigkeit geborenen und ungeborenen Lebens die Abtreibung auch bei Lebensgefahr für die Schwangere nicht rechtmäßig sei: W. Esser, Die Rechtswidrigkeit des Aborts, in: MedR 1983, S. 57 ff. (59).

[160] In den Niederlanden kann der ungeborene lebensfähige Embryo Opfer eines Totschlags i. S. d. Art. 287 des niederländischen StGB werden; in Norwegen findet sich eine zeitliche Obergrenze, indem bei »Grund zu der Annahme, daß die Leibesfrucht lebensfähig ist, eine Erlaubnis zum Schwangerschaftsabbruch nicht erteilt werden (kann)«; auch in Japan erfolgt der Schwangerschaftsabbruch aufgrund einer Entscheidung der Schwangeren nur, »solange der Fötus außer-

terweise verfährt man gerade in Ländern wie Norwegen, Schweden
und den Niederlande, wo der Abbruch der Schwangerschaft in den
ersten zwölf Wochen praktisch freigegeben ist, in der Spätphase
der Schwangerschaft sehr viel strenger. In diesem Befund eines den
rechtlichen Regeln inhärenten Konzeptes gestuften vorgeburtlichen
Lebensschutzes spiegelt sich der Umstand, daß wir einem emp-
findungsunfähigen Zellverband im Blastocystenstadium und somit
vor dem entscheidenden Ereignis der Nidation nicht den gleichen
Status beimessen und infolgedessen nicht den gleichen Schutz zuteil
werden lassen wie einem längst individuierten Fötus in der zehnten
oder 15. Schwangerschaftswoche oder gar einem extrauterin lebensfähigen Fötus. Die besondere Problematik der Spätabtreibungen
besteht genau darin, daß wir es mit einem außerhalb des Uterus
bereits lebensfähigen Wesen zu tun haben. Gerade die exzeptionelle
Qualität dieser Konstellation ist für das Konzept eines gestuften vorgeburtlichen Lebensschutzes übrigens absolut plausibel und stimmig
erklärbar – aber nicht für jene, die vollen Lebens- und Würdeschutz
für den Embryo von der Befruchtung der Eizelle an postulieren.
Denn dieser volle Schutz »von Anfang an« läßt sich ja nicht steigern.
Ohnehin verträgt sich die vorstehend geschilderte Rechtslage, wie sie
vom Bundesverfassungsgericht als grundgesetzgemäß akzeptiert bzw.
eingefordert worden ist, ersichtlich überhaupt nicht mit dem Dogma
vom absoluten Lebensschutz und voller Menschenwürdegarantie
»von Anfang an«. Beim vorgeburtlichen Leben *in vivo* bestätigt die
Analyse also eindeutig, daß dem positiven Recht (nicht anders als
unseren reflektierten moralischen Intuitionen) die Vorstellung eines
gestuften vorgeburtlichen Lebensschutzes inhärent ist[161].

---

halb des Mutterleibs nicht lebensfähig ist«. Siehe A. Eser/H.-G. Koch (Hrsg.),
Schwangerschaftsabbruch im internationalen Vergleich, Teil 3: Rechtsvergleichender Querschnitt – Rechtspolitische Schlußbetrachtungen – Dokumentation
zur neueren Rechtsentwicklung, 1999, insb. S. 95 ff., 181 f.
    [161] Das Stufungskonzept wurde schon früh vertreten von *R. Keller*, Beginn
und Stufungen des strafrechtlichen Lebensschutzes, in: H.-L. Günther/R. Keller
(Hrsg.), Fortpflanzungsmedizin und Humangenetik – Strafrechtliche Schranken?, 2. Aufl. 1991, S. 111 ff.; sodann *E. Hilgendorf*, Überlebensinteresse und Recht
auf Leben – eine Kritik des »Ratioismus«, in: P. Strasser/E. Starz (Hrsg.), Personsein aus bioethischer Sicht, 1997, S. 90 ff. (105 ff.); des weiteren wären zu nen-

2. Embryonenschutz-Gesetz (ESchG) und Stammzell-Gesetz (StZG)

a) Regelungsgegenstand: Embryonen in vitro

Ging es bislang um die Lage des vorgeburtlichen Lebens *in vivo*, befaßt sich das Embryonenschutz-Gesetz[162] mit dem Schutz des vorgeburtlichen Lebens *in vitro*. Genauer gesagt: allein mit dem pränidativen Leben *in vitro*, weswegen der Name des Gesetzes irreführend, weil viel zu umfassend ist. Denn unter Embryo versteht man medizinisch die Phase des vorgeburtlichen Lebens von der Befruchtung bis zur achten Schwangerschaftswoche; danach spricht man vom Fötus. Da das Embryonenschutz-Gesetz sich aber nur mit den Embryonen *in vitro*, nicht *in vivo* befaßt, ist es nur während der ersten zwölf Tage nach der Befruchtung einschlägig, weil spätestens dann der Embryo zu seiner Weiterentwicklung in den Mutterleib gelangen muß. In vitro gibt es für ihn keine Fortentwicklungsmöglichkeit mehr. Hier heißt dann die Alternative: *ad infinitum* kryokonservieren, vernichten oder an ihm forschen. Sobald der Embryo sich aber im Mutterleib befindet, gelten nicht die Regeln des Embryonenschutz-Gesetzes, sondern die vorstehend geschilderten §§ 218a ff. StGB mit den weitreichenden Möglichkeiten des Schwangerschaftsabbruches.

b) Vom ESchG zum StZG

Der Sache nach regelt das Embryonenschutz-Gesetz im wesentlichen die künstliche Befruchtung. Dabei stellt es strenge formale Anforderungen auf und bestimmt etwa, daß innerhalb des Zyklus einer Frau

---

nen *R. Neidert*, Zunehmendes Lebensrecht, in: Deutsches Ärzteblatt 2000, S. A 3483 ff.; *Schlink*, Fragen (Fn. 146), S. 6 ff., 10 ff.; *J. Taupitz*, Der rechtliche Rahmen des Klonens zu therapeutischen Zwecken, in: NJW 2001, S. 3433 ff. (3437); *Dreier*, Stufungen (Fn. 144), S. 378 ff.; *T. Geddert-Steinacher*, Gentechnische Entgrenzung des Menschenbildes?, in: W. März (Hrsg.), An den Grenzen des Rechts, 2003, S. 19 ff. (32 ff.).; *Schulze-Fielitz* (Fn. 69), Art. 2 II Rn. 61, 66 ff. m. w. N. – Siehe ferner *Nationaler Ethikrat*, Genetische Diagnostik vor und während der Schwangerschaft, 2003, S. 123 ff.; desgleichen nunmehr *Deutscher Ethikrat*, Präimplantationsdiagnostik (Fn. 126), S. 103 ff. (jeweils Mehrheitsvotum).

[162] Gesetz zum Schutz von Embryonen (Embryonenschutzgesetz – ESchG) v. 13.12.1990, BGBl. I S. 2746.

nicht mehr als drei Embryonen auf dieselbe übertragen werden dürfen und die Befruchtung von Eizellen zugleich nur zum Zwecke der Herbeiführung einer Schwangerschaft zulässig ist[163]. Damit soll die Entstehung überzähliger Embryonen nach Möglichkeit vermieden werden. Forschung an überzähligen Embryonen und therapeutisches Klonen sind nach herrschender Lesart des Gesetzes in Deutschland durchweg verboten, weil dabei frühe Embryonen vernichtet werden[164]. Die Einfuhr von im Ausland hergestellten Stammzellinien konnte das ESchG bei seinem Erlaß noch nicht berücksichtigen, weil deren Gewinnung erst später (1998) medizinisch möglich wurde. Aus diesem Grund hat der Gesetzgeber im Jahre 2002 nach intensiver und kontroverser Diskussion in Wissenschaft und Politik[165] eine besondere gesetzliche Vorschrift zum Import embryonaler Stammzellen geschaffen. Das Stammzell-Gesetz[166] verbietet grundsätzlich die Einfuhr und Verwendung von humanen embryonalen Stammzellen, läßt sie aber ausnahmsweise und unter bestimmten, sehr restriktiven Bedingungen (§§ 4, 5 StZG) für Forschungszwecke zu. Hierbei muß

---

[163] Vgl. dazu J. *Taupitz*, in: *H.-L. Günther/P.* Kaiser/J. Taupitz (Hrsg.), Embryonenschutzgesetz, 2008, § 1 Abs. 1 Nr. 3 Rn. 1 ff. und *H.-L. Günther*, in: ebd., § 1 Abs. 1 Nr. 5 Rn. 6 ff.

[164] Zur Diskussionslage siehe: *Nationaler Ethikrat*, Klonen zu Fortpflanzungszwecken und Klonen zu biomedizinischen Forschungszwecken, 2004; *Dreier* (Fn. 56), Art. 1 I Rn. 99 ff.; *H.-L. Günther*, in: H.-L. Günther/P. Kaiser/J. Taupitz (Hrsg.), Embryonenschutzgesetz, 2008, § 2 Rn. 51 ff.; alle Formen des Klonens als Verstoß gegen die Menschenwürde ablehnend *Kersten*, Klonen (Fn. 54), S. 325 ff., 482 ff., 541 ff., 601 ff., freilich unter abzulehnender Identifizierung des reproduktiven mit dem therapeutischen Klonen und der unhaltbaren These, die Differenz sei nur semantischer Natur (vgl. S. 555, 563, 574).

[165] Als Stimme in der Diskussion: *Nationaler Ethikrat*, Stellungnahme zum Import menschlicher embryonaler Stammzellen, 2001. Nachzeichnung der Debatte und der weiteren Entwicklung: *Nationaler Ethikrat*, Zur Frage einer Änderung des Stammzellgesetzes, 2007; *J. Taupitz*, Erfahrungen mit dem Stammzellgesetz, in: JZ 2007, S. 113 ff.

[166] Gesetz zur Sicherstellung des Embryonenschutzes im Zusammenhang mit Einfuhr und Verwendung menschlicher embryonaler Stammzellen (Stammzellgesetz – StZG) v. 28. Juni 2002 (BGBl. I S. 2277). Erste Analysen: *H.-G. Dederer*, Verfassungskonkretisierung im Verfassungsneuland: Das Stammzellgesetz, in: JZ 2003, S. 986 ff.; *C. Enders*, Embryonenschutz als Statusfrage?, in: Zeitschrift für Rechtsphilosophie 2003, S. 126 ff. (136 ff.).

man sich vor Augen halten, daß es sich bei den Stammzellinien ganz unstreitig nicht mehr um totipotente Zellen oder Zellverbände handelt, aus denen sich ein kompletter menschlicher Organismus entwickeln könnte. Stammzellinien können daher, was ebenso konsentiert ist, auch nicht als Träger der Rechte aus Art. 2 Abs. 2 oder Art. 1 Abs. 1 GG angesehen werden[167]. Doch soll von Deutschland aus kein Beitrag zum Embryonenverbrauch für die Herstellung von Stammzellinien im Ausland ausgehen. So gibt § 1 Nr. 2 StZG als Zweck des Gesetzes u. a. an: »zu vermeiden, dass von Deutschland aus eine Gewinnung embryonaler Stammzellen oder eine Erzeugung von Embryonen zur Gewinnung embryonaler Stammzellen veranlasst wird«. Deswegen wurde die sog. Stichtagsregelung eingeführt[168]. Diese restriktiven Bestimmungen verdanken sich einer Maxime, die Margot von Renesse (MdB) in einer vielzitierten Wendung wie folgt auf den Punkt gebracht hat: »Kein Embryo darf für die deutsche Forschung sterben«.[169] Dem liegen freilich außerordentlich voraussetzungsvolle und letztlich absolut unplausible Annahmen einer kausalen Verknüpfung zwischen dem Import von Stammzellinien nach Deutschland und der Auswirkung auf deren Herstellung durch die Vernichtung überzähliger Embryonen im Ausland zugrunde.

---

[167] *Dreier* (Fn. 56), Art. 1 I Rn. 102 m. w. N. Sie unterfallen, weil es sich eben nicht um potentiell entwicklungsfähige Embryonen handelt, auch nicht dem ESchG; ihr Import wäre daher vor dem StZG *rechtlich* ohne weiteres zulässig gewesen (ganz überwiegende Meinung: siehe nur *Schmidt-Jortzig*, Rechtsfragen [Fn. 100], S. 12 ff. m. w. N.; kaum überzeugend hingegen der vage Hinweis auf einen möglicherweise entgegenstehenden »Geist« des ESchG oder den Gedanken des Rechtsmißbrauches bei *Enders*, Embryonenschutz [Fn. 166], S. 128). Der Import unterblieb aber zunächst wegen der politisch-ethischen Debatte und be schäftigte im Sommer und Herbst 2001 den frisch gekürten Nationalen Ethikrat. Die durch das StZG von 2002 geschaffene Rechtslage war also im Ergebnis restriktiver als zuvor.

[168] Die Stammzellinien mußten vor einem bestimmten Datum (ursprünglich: 1. Januar 2002) hergestellt worden sein, um auch nur die theoretische Möglichkeit auszuschließen, daß für ihre Herstellung ein Anreiz aus Deutschland ausgegangen sein könnte. Mit der Änderung des StZG durch Gesetz v. 14. August 2008 (BGBl. I S. 1708) wurde der Stichtag, der gleichen Logik folgend, auf den 1. Mai 2007 verschoben.

[169] Siehe etwa SPIEGEL v. 25. April 2002.

Man muß sich nur vergegenwärtigen, daß allein in Großbritannien mehrere hunderttausend überzählige Embryonen lagern und sich einmal etablierte Stammzellinien relativ gut vermehren lassen[170].

c) Hoher Schutz der Embryonen in vitro

Mit alledem ist aber zunächst unabweisbar klar, daß das deutsche Gesetzesrecht dem Embryo *in vitro* einen besonders hohen Rang einräumt. Deutlich machen das schon die ersten Worte des StZG, wenn es dort heißt: »Zweck dieses Gesetzes ist es, im Hinblick auf die staatliche Verpflichtung, die Menschenwürde und das Recht auf Leben zu achten ...«. Freilich ist diese Passage sogleich erläuterungsbedürftig deswegen, weil – wie bereits erwähnt – die Stammzellinien, um die es in diesem Gesetz (im Unterschied zum ESchG) allein geht, nach ganz unangefochtener Auffassung selbst nicht Träger der grundgesetzlichen Garantien des Lebensrechts (Art. 2 Abs. 2 S. 1 GG) und der Menschenwürde (Art. 1 Abs. 1 GG) sind. Denn im Unterschied zu Embryonen kann sich aus Stammzellinien kein menschlicher Organismus mehr entwickeln. Die Erklärung liegt darin, daß das StZG sich mit der Rechtsgutsbestimmung in § 1 auf die Embryonen bezieht, aus denen diejenigen Stammzellinien gewonnen werden, deren Import und Verwendung geregelt werden soll. Das StZG zielt also mit seiner Zweckbestimmung und seinem Regelungsinstrumentarium in zentraler Weise auf den Schutz von (überzähligen) Embryonen *im Ausland*. Der entsprechende Schutz *im Inland* (keine Vernichtung von Embryonen zur Gewinnung von Stammzellinien) ist bereits durch das ESchG sichergestellt[171]. Der Text dieses älteren Gesetzes enthält zwar keinen vergleichbaren expliziten Bezug auf die zentralen Verfassungsgüter Würde und Leben, doch waren Bezugnahmen darauf bei seiner Genese und

---

[170] Näher *Dreier* (Fn. 56), Art. 1 I Rn. 103 f.

[171] Zu den nicht einfachen verfassungsrechtlichen Fragen, die sich mit dem Schutz von Grundrechtsgütern im Ausland auf diesem Feld stellen: *Dreier* (Fn. 56), Art. 1 I Rn. 104.

Begründung[172] allgegenwärtig[173]. Ohne einen solchen starken Bezug wären die außerordentlich restriktiven Regelungen kaum erklärlich. Indem sich das StZG ausdrücklich als Form der Sicherstellung des Embryonenschutzes (freilich: im Ausland!) begreift, macht es diesen Bezug nochmals explizit. Prototypisch begegnet die Position, die dem frühen Embryo volles Lebensrecht und ungeteilten Würdeschutz beimißt, etwa im Minderheitenvotum der ersten Stellungnahme des Nationalen Ethikrates: »Menschliches Leben steht von Anfang an unter dem Schutz der Menschenwürde. (…) Deshalb muss auch in den Frühphasen menschlicher Embryonen eine Güterabwägung unterbleiben, in die andere Gesichtspunkte als das Leben selbst eingebracht werden.«[174]

d) Zulässigkeit der PID

Ganz abgesehen von den sogleich näher unter 3. thematisierten Wertungswidersprüchen bergen solche starken Begründungen stets die Gefahr der Überdetermination in sich. Offensichtlich wurde dies angesichts des Umstandes, daß nach lange Zeit herrschender Auffassung die restriktiven Bestimmungen des ESchG auch die Präimplantationsdiagnostik (PID) untersagten[175], diese Annahme aber

[172] Das ESchG erlaubt die künstliche Befruchtung einer Eizelle und damit die Herstellung eines Embryos in vitro nur zum Zwecke der Herbeiführung einer Schwangerschaft. Damit und mit dem Verbot der Forschung an Embryonen, auch an überzähligen, bezweckte der Gesetzgeber ausweislich der Begründung des Gesetzentwurfes »der Wertentscheidung der Verfassung zugunsten der Menschenwürde und des Lebens Rechnung zu tragen« (BT-Drs. 11/5460, S. 6).
[173] Zur Gesetzesentstehung siehe J. *Taupitz*, in: H.-L. Günther / J. Taupitz / P. Kaiser (Hrsg.), Embryonenschutzgesetz, 2008, Einf B Rn. 1ff.; ebd. Rn. 22ff. über die Problematik der Legitimation von Straftatbeständen durch Rückgriff auf die Menschenwürde.
[174] *Nationaler Ethikrat*, Stellungnahme zum Import menschlicher embryonaler Stammzellen, 2001, S. 28ff. (Zitat: S. 32); die Position der Mehrheit findet sich ebd., S. 14ff.
[175] Allgemein zum Pro und Contra einer expliziten Zulassung der PID im Vorfeld der BGH-Entscheidung: *Nationaler Ethikrat*, Genetische Diagnostik (Fn. 161), mit Literaturverzeichnis; *Dreier* (Fn. 56), Art. 1 I Rn. 95ff.; C. F. Gethmann / S. Huster (Hrsg.), Recht und Ethik in der Präimplantationsdiagnostik, 2010

erschüttert wurde durch ein Urteil des BGH, das bezeichnenderweise auf die Selbstanzeige eines Reproduktionsmediziners zurückging[176]. Das Urteil erklärte eine PID in bestimmten Fällen für zulässig und wurde sogleich zum Anlaß für eine legislative Reaktion in Gestalt eines expliziten gesetzlichen Verbotes genommen. Auf eine ebenso kontroverse wie breite gesellschaftspolitische Debatte folgte schließlich am 7. Juli 2011 die Abstimmung über konkurrierende Entwürfe im Bundestag: es siegte mit erstaunlich klarem Vorsprung der Vorschlag für eine eng begrenzte Zulassung der PID[177]. Diese Regelung hat nun in Gestalt des neuen § 3a Eingang in das ESchG gefunden[178]. Obwohl die PID der Intention der handelnden Personen nach auf die Herbeiführung einer Schwangerschaft zielt, besteht bei ihr schon aufgrund der Tatbestandsvoraussetzungen für eine legale Untersuchung immer auch die Möglichkeit, daß die Diagnose eine schwere Erbkrankheit ergibt und der Embryo infolgedessen nicht eingepflanzt wird[179]. Es liegt auf der Hand, daß sich diese Handlungsweise mit der These vom vollen Würde- und Lebensschutz »von Anfang an« nicht verträgt. So

---

(darin aus rechtlicher Sicht insb. die Beiträge von *T. Gutmann, W. Heun, F. Hufen, T. M. Spranger, E. Hilgendorf* und *S. Beck*); *A. Kuhlmann*, An den Grenzen unserer Lebensform, 2011, S. 107 ff.

[176] BGH v. 6. Juli 2010 (NJW 2010, 2672). Erste Würdigungen: *U. Schroth*, Keine Strafbarkeit bei Durchführung einer Präimplantationsdiagnostik auf genetische Schäden, in: NJW 2010, S. 2676 f.; *H. Kreß*, Präimplantationsdiagnostik und Fortpflanzungsmedizin angesichts des ethischen Pluralismus, in: ZRP 2010, S. 201 ff.

[177] In der dritten Lesung stimmten 326 Abgeordnete für diesen Gesetzentwurf, 260 dagegen (BT-Drs. 17/5451). Siehe http://www.bundestag.de/dokumente/textarchiv/2011/35036974_kw27_de_pid/index.html [9.1.2013].

[178] Durch Änderungsgesetz v. 21. November 2011 (BGBl. I S. 2228). Erste Stellungnahmen: *T. Henking*, Präimplantationsdiagnostik – neues Gesetz, neue Probleme, in: ZRP 2011, S. 20 ff.; *F. Czerner*, Die Kodifizierung der Präimplantationsdiagnostik (PID) in § 3a ESchG im Ensemble pränataldiagnostischer und schwangerschaftsbezogener Untersuchungen des Fötus, in: MedR 2011, S. 783 ff.

[179] Klar und präzise *Schöne-Seifert* (Fn. 156), Protokoll S. 10: »Die als solche risikolose PID erfolgt immer in potentiell selektiver Absicht, denn sie wird von Paaren erbeten, die nur Embryonen ohne einen bestimmten Defekt auf den Schwangerschaftsweg bringen wollen.« Aber wichtig die Präzision: Es handelt sich um »Selektion gegen die besagte Krankheit«.

treten mittlerweile schon innerhalb des Embryonenschutzgesetzes keineswegs geringfügige Inkonsistenzen hervor[180].

3. Wertungswidersprüche

Noch sehr viel schwerer wiegen allerdings die Wertungswidersprüche, die sich aus der Gegenüberstellung der Rechtslage beim Schwangerschaftsabbruch (also beim pränatalen Leben *in vivo*) mit der Rechtslage bei humantechnologischen Praktiken und somit beim pränidativen Leben *in vitro* ergeben. Während die befruchtete Eizelle *in vivo* bis zur Einnistung in die Gebärmutter überhaupt keinen rechtlichen Schutz genießt, wird sie in der gleichen Phase *in vitro* von einem engen Geflecht strafrechtlicher Normen umgeben[181]. Bildlich gesprochen: während sich der Schutz des ungeborenen Lebens bei den Regelungen zum Schwangerschaftsabbruch wie eine stetig aufsteigende Linie von der frühesten Phase der Befruchtung bis hin zur näherrückenden Geburt darstellt, wird daraus unter Ein-

---

[180] Eine weitere Inkonsistenz hat sich kürzlich durch eine Entscheidung des EuGH ergeben (EuGH, Urt. v. 18.10.2011 – C-34/10 – Brüstle/Greenpeace). Das Gericht erklärt in flagrantem Widerspruch zur Rechtslage in zahlreichen EU-Staaten (und internationalen Konventionen), daß unter Embryo jede menschliche Eizelle vom Stadium ihrer Befruchtung zu verstehen sei, um dieses auch in methodischer Hinsicht höchst fragwürdige Ergebnis (Patentausschlußvorschriften sind restriktiv zu interpretieren, und bei der Interpretation des Begriffs Embryo wäre ein Rekurs auf die höchst unterschiedlichen Verständnisse in den Mitgliedstaaten zwingend geboten gewesen) dann strikt auf das europäische Patentrecht zu beschränken, also die Zulässigkeit von IVF, PID und Forschung an überzähligen Embryonen nicht anzuzweifeln. Instruktive Darstellung und treffende Kritik dieses argumentationsarmen, methodisch verfehlten, um Einpassung in die anderen einschlägigen nationalen wie supranationalen Normen unbekümmerten und im übrigen die Forschung in Europa beeinträchtigenden Urteils bei *J. Taupitz*, Menschenwürde von Embryonen – europäisch-patentrechtlich betrachtet, in: GRUR 2012, S. 1 ff.

[181] Ethisch gestaltet sich die Sachlage noch verheerender, wenn man (irrigerweise) annimmt, daß jedem Embryo bereits im pränidativen Stadium (gleichviel ob *in vivo* oder *in vitro*) voller Würde- und Lebensschutz zukommt. Denn dann ist die Zulässigkeit von Nidationshemmern »gleichbedeutend mit der Tolerierung der Tötung unzähliger Menschen« (*Fischer*, Grundkurs Ethik [Fn. 62], S. 404).

beziehung des Embryonenschutz-Gesetzes eine Art Achterbahn, in
deren Verlauf auf einen extrem hohen Schutz zu Beginn *in vitro* der
völlige Ausfall rechtlicher Regelungen *in vivo* bis zur Einnistung in
die Gebärmutter folgt. Das wirkt widersprüchlich und ungereimt
und kann auch durch noch so häufige Wiederholungen zur angeblichen »Sondersituation« bei der Schwangerschaft nicht aus der Welt
geräumt werden[182].

---

[182] Ausführliche Argumentation bei *Dreier*, Lebensschutz (Fn. 66), S. 30 ff.;
Merkel, Forschungsobjekt (Fn. 113), S. 87 ff.; aus der späteren Literatur etwa
S. Beck, Stammzellforschung und Strafrecht, 2006, S. 307 ff.; *M. Weschka*, Präim-
plantationsdiagnostik, Stammzellforschung und therapeutisches Klonen, 2010,
S. 113 ff. m. w. N. – Man kann diesen Punkt natürlich auch marginalisieren oder
schlicht ignorieren. Nach hunderten von Seiten seiner Habilitationsschrift, die
mit Blick auf die Lage *in vitro* vollen Lebens- und Menschenwürdeschutz für den
Embryo reklamiert, äußert *Müller-Terpitz*, Schutz (Fn. 54), S. 553 ff. zur Rechtslage
beim Schwangerschaftsabbruch im Grunde nicht mehr als – das sei ein anderer
Fall, eine singuläre Konfliktsituation. Zu Recht kritisch insofern auch die Rezension von *M. Pawlik*, FAZ Nr. 124 v. 30.5.2008, S. 37.

V. Politikdiskurs: Grenzen
legislativer Rationalität

1. Erklärungen für Inkonsistenzen der Rechtslage?

Vergleicht man die Rechtslage des Embryos *in vivo* und *in vitro*, so
tritt die Diskrepanz offen zutage. Aber findet diese merkwürdig ge-
spaltene Normsituation nicht vielleicht auch eine Rechtfertigung? Oft
wird insofern gesagt, es handele sich doch offensichtlich um verschiedene Sachverhalte. Das ist richtig, allerdings kein Argument: denn
daß zwei Sachverhalte unterschiedlich sind, ist noch kein hinlänglicher Grund für ihre Ungleichbehandlung, sondern Voraussetzung
für ihren Vergleich[183]. Jeder Vergleich setzt Differenzen sachlogisch
voraus. Gäbe es keine Differenzen, handelte es sich um identische
Sachverhalte. Vergleichen lassen sich daher nur zwei Dinge oder
Sachverhalte, die in irgendeiner Hinsicht verschiedenartig sind.
Gleichheit wird in den Worten Gustav Radbruchs in der Wirklichkeit nicht als Gegebenheit vorgefunden, sondern: »Gleichheit ist
immer nur Abstraktion von gegebener Ungleichheit unter einem
bestimmten Gesichtspunkte.«[184] Bezogen auf unser Thema muß die
Frage also lauten, ob es gute Gründe für eine Ungleichbehandlung
von Embryonen *in vivo* und *in vitro* gibt. Solche Gründe sieht man
nun gern im abgeschirmten und vermeintlich sicheren Raum des
weiblichen Körpers hier, der kalten Welt des Labors mit ihren Zu-
griffsmöglichkeiten Dritter dort. Sehr fundamentale Vorstellungen
von Künstlichkeit und Natürlichkeit schwingen dabei oft mit[185]. Aber

---

[183] Dazu mit klassischer Deutlichkeit: *G. Radbruch*, Rechtsphilosophie (1932),
hier zitiert nach der von R. Dreier und S. L. Paulson herausgegebenen Studienausgabe 1999, S. 36 f.
[184] *Radbruch*, Rechtsphilosophie (Fn. 183), S. 37.
[185] Reflektiert dazu *C. Woopen*, Fortpflanzung zwischen Künstlichkeit und
Natürlichkeit, in: Reproduktionsmedizin 18 (2002), S. 233 ff.

was den Schutz angeht, so ist es (leider) eher umgekehrt: angesichts von deutlich mehr als 100.000 Abtreibungen Jahr für Jahr[186] ist der Raum des weiblichen Körpers keineswegs der sicherste, während jedenfalls in Deutschland der Embryo *in vitro* annähernd den Status der Unantastbarkeit genießt und lediglich zum Zwecke der Herbeiführung einer Schwangerschaft verwendet werden darf[187]. Kein Grund ist auch der beliebte Hinweis, bei natürlicher Befruchtung sei der Schutz des Embryos in der pränidativen Phase unmöglich bzw. verfassungsrechtlich unzulässig, weil die absolute Intimsphäre betreffend[188]. Dieser Logik zufolge dürfte die Polizei auch keine Verbrechen verfolgen, die im ehelichen Schlafzimmer geschehen. Aber natürlich ließen sich ohne weiteres Produktions- und Vertriebsverbote für alle Formen nidationshemmender Verhütungsmittel verhängen, ohne daß ein unzulässiger Eingriff in die Privatsphäre vorläge. Bei der »Pille danach« hat man ein solches Verbot auch durchaus diskutiert, aber eben letztlich nicht realisiert.

Den Lebenswahrheiten kommt man vielleicht durch einen Blick auf die Motivationslage etwas näher. Handelt es sich bei der in Deutschland so überaus restriktiven Rechtslage im Bereich des pränidativen Embryonenschutzes *in vitro* nicht auch um eine Art von moralischer Kompensation? Ist es ein Zufall, daß es besonders die Fraktion der GRÜNEN war, die annähernd geschlossen gegen die Verschiebung des Stichtags beim Stammzellimport gestimmt

---

[186] Zusammenstellungen aktueller Daten mit je unterschiedlichen Bezugspunkten unter https://www.destatis.de/DE/ZahlenFakten/GesellschaftStaat/Gesundheit/Schwangerschaftsabbrueche/Schwangerschaftsabbrueche.html [9.1.2013].

[187] *Schmidt-Jortzig*, Rechtsfragen (Fn. 100), S. 23 stellt zutreffend fest, die »Vorstellung, der nidierte Embryo sei wenigstens im Mutterleib in einer natürlichen Protektion«, sei »einigermaßen blauäugig oder – wenn offensiv vorgetragen – unverfroren«. Vielzitiert ist auch die Sentenz, in Deutschland werde der Embryo so lange geschützt, bis er abgetrieben werden darf (*E. Deutsch*, Embryonenschutz in Deutschland, in: NJW 1991, S. 721 ff. [724]).

[188] Besonders abwegig *W. Höfling*, Wer lebt, hat Würde, in: FAZ Nr. 275 v. 26.11.2003, S. 37: »Abgesehen von unüberwindbaren Kausalitätsproblemen, mit denen namentlich ein strafrechtliches Schutzprogramm zu kämpfen hätte, liegt auch die sexualpolizeiliche Kontrolle entsprechender Praktiken jenseits verfassungsstaatlicher Legitimität.«

hat[189], deren Partei aber seit jeher das vermeintliche »Recht« der Schwangeren auf Abtreibung vehement verteidigt?

2. Wertungswidersprüche als Verfassungsverstoß?

Aus verfassungsrechtlicher Sicht entscheidend ist allerdings nicht die Motivlage der am Gesetzgebungsprozeß beteiligten Parteien und ihren Fraktionen, sondern die Frage, ob die dramatisch anmutenden Wertungswidersprüche als Verfassungsverstoß einzuordnen sind[190]. Eine solche Idee mag durchaus naheliegen, wenn man an den Gesetzgeber gewisse Konsequenz- und Stringenzanforderungen stellt und diese zu einem grundgesetzlich validen Maßstab erstarken sieht. Damit berühren wir ein in jüngerer Zeit beständig intensiver behandeltes verfassungsrechtliches Thema[191], das zuletzt die Münsteraner Staatsrechtslehrertagung 2011[192] beschäftigte und unter Stichworten wie Rationalitätskontrolle, Folgerichtigkeit, Pflicht zur Konsistenz oder Widerspruchsfreiheit diskutiert wird[193]. Wesentliche Anstöße kamen, wie so oft in der Verfassungsentwicklung, vom Bundesverfassungsgericht, das unter Fokussierung auf unterschiedliche (teils eher

---

[189] S. Löwenstein, Der Beginn einer immerwährenden Verschiebung?, in: FAZ Nr. 86 v. 12.4.2008, S. 2 (von 49 Abgeordneten stimmten 48 gegen die Verschiebung).

[190] Daraus resultiert die Relevanz der im folgenden kurz zu rekapitulierenden Debatte für das vorliegende Thema. Sehr klar hält M. Payandeh, Das Gebot der Folgerichtigkeit: Rationalitätsgewinn oder Irrweg der Grundrechtsdogmatik?, in: AöR 136 (2011), S. 578 ff. (583 f.) fest, daß das Gebot der Folgerichtigkeit nicht etwa eine echte Kollision zwischen zwei Normen beseitigen, sondern Wertungswidersprüche vermeiden will.

[191] Siehe aber bereits eingehend Meßerschmidt, Gesetzgebungsermessen (Fn. 51), S. 713 ff., 777 ff. und zuvor Schulze-Fielitz, Theorie (Fn. 201), S. 454 ff.

[192] Das Gesamtthema lautete: »Grundsatzfragen der Rechtsetzung und Rechtsfindung«. Siehe insb. G. Lienbacher/B. Grzeszick, Rationalitätsanforderungen an die parlamentarische Rechtsetzung im demokratischen Rechtsstaat, VVDStRL 71 (2012), S. 7 ff., 49 ff. Vgl. den Tagungsbericht von B. Stüer, DVBl. 2011, S. 1530 ff. und die instruktive Rezension von K. Rennert, DÖV 2012, S. 924 ff.

[193] Siehe C. Bumke, Die Pflicht zur konsistenten Gesetzgebung, in: Der Staat 49 (2010), S. 77 ff.; P. Dann, Verfassungsgerichtliche Kontrolle gesetzgeberischer Rationalität, in: Der Staat 49 (2010), S. 630 ff.; Payandeh, Gebot (Fn. 190), S. 578 ff.

freiheitsrechtliche, teils stärker gleichheitsrechtliche, teils prozedu-
rale) Aspekte ein verfassungsrechtlich relevantes Rationalitätsgebot
entwickelt und folgenreich in seine Judikatur aufgenommen hat:
erwähnt seien insofern die einschlägigen Urteile zur Pendlerpauschale, zum Rauchverbot und zu Hartz IV[194]. Einen gewissen Schwer-
punkt hatte die Debatte seit jeher im Bereich des Steuerrechts[195], was
angesichts der notorischen Wildwüchsigkeit dieses Gebiets nicht
verwundert.»Dschungel des Steuerrechts« ist ja nicht von ungefähr
eine verbreitete Metapher.

Einigkeit herrscht weitgehend darüber, daß man sich von der
Anwendung und verfassungsgerichtlichen Durchsetzung entsprechender Rechtsetzungsgebote, so unterschiedlich sie auch benannt
und dogmatisch fundiert sein mögen, eine Rationalisierung der gesetzgeberischen Entscheidungen, eine höhere innere Stringenz und
systematische Kohärenz staatlicher Rechtsetzung verspricht. Das
sind gewiß hehre und gerade im Lichte des Rechtsstaatsprinzips
allgemein begrüßenswerte Ziele. Allerdings tut man gut daran, bei
alledem die vom Grundgesetz keineswegs perhorreszierten, sondern
als Basis für die Entscheidungsfindung im demokratischen Verfassungsstaat akzeptierten Mechanismen politischer Willensbildung
nicht aus dem Auge zu verlieren. Dazu zählt insbesondere der eingangs in Erinnerung gerufene Umstand, daß Gesetzgebung in der
Demokratie im wesentlichen Wille der Mehrheit ist und insofern
einen unhintergehbar voluntaristischen Kern aufweist[196]. Mancher
Hinweis auf das Rationalitätsideal (resp. dessen Derivate wie Sy-

---

[194] BVerfGE 122, 210; 121, 317; 125, 175. Ich folge der transparenten Darstellung
von *Dann*, Kontrolle (Fn. 193), S. 631 ff. – Nachzeichnung der Ende der 1990er
Jahre einsetzenden Entwicklung eines verfassungsrechtlichen Konsistenzgebots
auch bei *Bumke*, Pflicht (Fn. 193), S. 87 ff.

[195] *K.-A. Schwarz*, »Folgerichtigkeit« im Steuerrecht, in: FS Isensee, 2007,
S. 949 ff.

[196] Vgl. oben unter I. (S. 2 ff.). Richtigerweise mahnt *K. F. Gärditz*, Gemeinsames Adoptionsrecht eingetragener Lebenspartner als Verfassungsgebot?, in: JZ
2011, S. 930 ff. (934) an, die »dezisionistische Kontingenz von Verfassungsnormen«
nicht zu vernachlässigen, »denen kein abschließend rational auszudeutendes Pro-
gramm zugrunde liegen muß«; ähnlich *C. Hillgruber*, Verfassungsinterpretation,
in: O. Depenheuer (Hrsg.), Verfassungstheorie, 2010, § 15 Rn. 16.

stemgerechtigkeit, Folgerichtigkeit oder Widerspruchsfreiheit) wirkt hingegen wie ein direkter Appell an eine höhere Vernunft, getragen vom Glauben an Ideale aus den Zeiten der großen Vernunftrechts-kodifikationen, wenn nicht gleich an die ewige Idee der Gerechtig-keit. Sätze wie:»Dem Ideal rationaler Gesetzgebung kann man sich nicht verschließen« sind von einer kategorischen Selbstgewißheit, die ebenso merkwürdig berührt wie die Aussage, es komme darauf an,»das Recht, seine Entwicklung und dogmatische Durchdringung nicht als Kampf zu begreifen«[197]. Dazu paßt dann, den Rationali-tätsgedanken ohne jegliche verfassungs- oder ideengeschichtliche Fundierung kurzerhand zum»Leitbild moderner Staatlichkeit, das im Ideal des demokratischen Verfassungsstaates nochmals eine ei-gentümliche Wendung erfährt«, zu (v)erklären[198].

Hinter alledem tritt letztlich ein zentrales Mißverständnis oder besser vielleicht: ein ziemlich gravierendes Unverständnis für die Prinzipien und Maximen einer demokratischen Ordnung zutage. Das Grundgesetz ist kein Werkzeugkasten für die Errichtung eines mög-lichst rationalen, sozusagen wissenschaftlichen Stringenzansprüchen genügenden, in sich stimmigen Gesetzgebungsgesamtkunstwerkes mit potentiellem Ewigkeitsanspruch, sondern Grundlage und Ord-nungsrahmen für einen offenen politischen Prozeß, aus dem dann letztendlich qua Mehrheitsentscheidung ein (temporär) für alle ver-bindliches Gesetz entspringt – bis zur nächsten Änderung aufgrund neuer Mehrheiten, neuer Umstände, neuer Einsichten[199].

Man kann und darf an den Gesetzgeber nicht die gleichen Kon-sistenz- und Konsequenzanforderungen stellen wie an eine wis-senschaftliche – sei es eine philosophische, sei es eine juristische – Argumentation. Denn damit würde die»spezifisch institutionelle Rationalitätsdifferenz« zwischen Politik und Wissenschaft überse-

---

[197] Zitate: *Bumke*, Pflicht (Fn. 193), S. 91 u. 92. Was charakterisiert eigentlich den modernen, pluralen, freiheitlichen demokratischen Verfassungsstaat besser als der stete Kampf um das bessere Argument, der Kampf um die Mehrheit, der Wahlkampf und der Streit der Meinungen?
[198] *Bumke*, Pflicht (Fn. 193), S. 93 Fn. 86.
[199] Von»Friktionen« spricht *Meßerschmidt*, Gesetzgebungsermessen (Fn. 51), S. 808 ff. unter der Überschrift»Rationalitätsgebot und Demokratieprinzip«.

hen[200]. Der Gesetzgeber ist nicht in erster Linie Reflexionsinstanz, sondern Akteur im politischen Raum, und da sind Kompromisse, Wertungssprünge, Widersprüchlichkeiten vorprogrammiert. Die Forderung nach rationaler Gesetzgebung steht in einem »Spannungsverhältnis zur Politik«[201], auch und gerade zu demokratischer Politik in einem pluralen Gemeinwesen. Vor allem in einem Mehrparteienstaat, dessen Regierung fast immer auf Koalitionen beruht, sind Kompromisse unausweichlich[202]. Treffend hat man festgestellt: »Kompromisse schließen gerade ein, dass auch vorläufige, bruchstückhafte und eben noch unvollkommene Regelungen möglich sind. Wo Systemreinheit gefordert wird, werden Kompromisse unmöglich.«[203] Das Kohärenzgebot kann schlimmstenfalls auf die verfassungsgerichtliche Verhinderung politischer Kompromisse hinauslaufen[204] und die Voraussetzungen lebendiger Demokratie ins Mark treffen.

Mit alledem ist natürlich kein Plädoyer für eine bewußt und gezielt widersprüchliche, sprunghafte und orientierungslose Normsetzung gemeint. Daß sich Politik um Systematik, Stringenz und Konsistenz bemühen sollte, steht außer Frage. Doch schon aus prinzipiellen demokratietheoretischen Gründen ist die Position jener, die aus dem Grundsatz der Widerspruchsfreiheit der Rechtsordnung eine akribisch einzufordernde Pflicht zu konsistenter Gesetzgebung ableiten,

---

[200] Zitat: W. Krawietz, Rechtliche Verantwortung oder wissenschaftliche Vernunft im praktischen juristischen Entscheidungsverhalten?, in: H.-P. Müller (Hrsg.), Wissen als Verantwortung, 1991, S. 53 ff. (93).
[201] So H. Schulze-Fielitz, Theorie und Praxis parlamentarischer Gesetzgebung, 1988, S. 455.
[202] Zur Unausweichlichkeit des – nicht als »faul« zu diskreditierenden – Kompromisses früh Kelsen, Wesen (Fn. 30), S. 57 ff.; ebenso R. Thoma, Über Wesen und Erscheinungsformen der modernen Demokratie (1948), in: ders., Rechtsstaat – Demokratie – Grundrechte, 2008, hrsgg. v. H. Dreier, S. 406 ff. (423 f.); zusammenfassend H. Schulze-Fielitz, Art. Kompromiß, in: Evangelisches Staatslexikon, 4. Aufl. 2006, Sp. 1291 ff.
[203] Dann, Kontrolle (Fn. 193), S. 640. Richtig betont O. Lepsius, JZ 2009, S. 260 ff. (261), daß gerade im Steuerrecht der Kompromiß regiert, wobei zu den parteipolitischen Erfordernissen noch föderale Implikationen hinzutreten.
[204] Siehe Payandeh, Gebot (Fn. 190), S. 613.

nicht haltbar[205]. Ganz im Gegenteil sind eher Befürchtungen begründet, wonach in den feingestrickten bundesverfassungsgerichtlichen
Argumentationsfiguren ein »verfassungsrechtlich kaum zu rechtferti-
gendes Instrument des Gerichts, seine eigene Rationalitätsauffassung
über diejenige des Gesetzgebers zu stellen«[206], erblickt werden muß.
Das ist schon deswegen höchst problematisch, weil die politische
Willensbildung Sache der offenen und pluralen Diskussion der Gesellschaft und ihrer Repräsentanten sein sollte. Nichts und niemand
vermag zudem zu garantieren, daß es um die Rationalitätsstandards
des Gerichts irgendwie besser bestellt ist als um die des demokratischen Gesetzgebers[207]. Die wundersame Vermehrung der Prüfungs-
maßstäbe des Gerichts birgt vielmehr das zusätzliche Risiko in sich,
daß sich die vermeintlich intensivierte Bindung des Gesetzgebers in
ihr Gegenteil verkehrt und zu größerer Unberechenbarkeit führt[208].

Der Gesetzgeber schuldet nichts als das Gesetz, lautet eine be-
rühmte Sentenz von Klaus Schlaich[209]. Weder bedarf es einer be-

---

[205] Kritisch insb. zum angeblichen Gebot der Widerspruchsfreiheit H. Sendler,
Grundrecht auf Widerspruchsfreiheit der Rechtsordnung – Eine Reise nach
Absurdistan?, in: NJW 1998, S. 2875 ff. (2875 f.); A. Hanebeck, Die Einheit der
Rechtsordnung als Anforderung an den Gesetzgeber, in: Der Staat 41 (2002),
S. 429 ff. (437).

[206] Dann, Kontrolle (Fn. 193), S. 635; vgl. G. Hermes, Verfassungsrecht und
einfaches Recht – Verfassungsgerichtsbarkeit und Fachgerichtsbarkeit, VVDStRL
61 (2002), S. 119 ff. (129 ff.).

[207] Ähnlich die kritische Anmerkung zum Urteil zur Pendlerpauschale von
O. Lepsius, JZ 2009, S. 260 ff. (260): mit der Entscheidung werde »ein hochpoli-
tisches Gebiet wie das Steuerrecht an Systemerwartungen gemessen, die weder
verfassungsrechtlich zwingend noch verfassungspolitisch wünschenswert sind«.

[208] M. Cornils, Rationalitätsanforderungen an die parlamentarische Rechtsetzung im demokratischen Rechtsstaat, in: DVBl. 2011, S. 1053 ff. (1060 f.) mit
Blick auf die Judikatur: »Die Erfindung und das variantenreiche Zusammenspiel
immer neuer Begriffe ohne immer deutlich erkennbare je spezifische Aussage
(›Bestimmtheit, Normenklarheit, Normenwahrheit, Widerspruchsfreiheit‹), eine
virtuose Praxis der Ableitung von Grundsätzen aus nicht selten zugleich mehreren Verfassungsprinzipien, der gewachsene Bestand an Obersatzformeln, aus
denen sich – je nach Auswahl und Zusammenstellung – durchaus unterschiedliche Ergebnisse herleiten lassen, erhöhen die Unberechenbarkeit der Verfassungs-
bindung eher, als dass sie sie reduzieren.«

[209] K. Schlaich, Die Verfassungsgerichtsbarkeit im Gefüge der Staatsfunktio-

sonders überzeugenden Begründung noch eines – nach welchen
Standards auch immer entwickelten – optimalen Verfahrens und
ebensowenig der Bindung an Konsistenz-, Folgerichtigkeits- oder
Widerspruchsfreiheitsgebote. Verfassungsrechtlich ausschlaggebend
ist allein, ob sich die gesetzliche Regelung, auch wenn sie sich im
Vergleich zu anderen als eklatant wertungswidersprüchlich darstellt,
noch im Rahmen der grundgesetzlichen Normen hält[210]. Es kommt
also nicht auf die Erfüllung oder Nichterfüllung eines Meta-Begriffs
von Rationalität in seinen verschiedenen Ausgestaltungsformen an.
Wie schon vor vielen Jahren im Mitbestimmungs-Urteil festgehalten
wurde (und woran man sich heute vielleicht wieder stärker erinnern
sollte): es gibt keinen ominösen »Schutz- und Ordnungszusammen-
hang der Grundrechte«, kein Gesamtkonstrukt oberhalb der konkreten Normen des Grundgesetzes, anhand dessen ein Gesetz für
verfassungswidrig erklärt werden könnte. Den allein entscheidenden
Maßstab bilden die konkreten Gewährleistungen des Grundgesetzes[211]. Gleiches gilt für unsere Problemlage. Daher ist der Gesetzgeber, wie man richtig resümiert hat, »von Verfassungs wegen jedenfalls
nicht auf die Einhaltung gesetzlicher Konsistenz oder Systematik
verpflichtet. (…) Eine inkonsistente, systemwidrige, sich nicht in das
übrige Regelungsgefüge einpassende gesetzliche Regelung ist nicht
per se verfassungswidrig, sondern nur dann, wenn sie gleichzeitig
gegen eine konkrete Verfassungsnorm verstößt.«[212]

Bezogen auf die Rechtslage im Bereich der Biotechnologie kann an
dieser Stelle natürlich keine intensive Begutachtung geleistet werden,
die die Frage einer möglicherweise übermäßigen Einschränkung der
Wissenschaftsfreiheit etwa im Bereich der embryonalen Stammzellforschung in extenso diskutieren würde. Gewiß läßt sich gut vertreten, daß der Staat die ihm gesetzten Schranken einer Grundrechtsein-

---

nen, VVDStRL 39 (1981), S. 99 ff. (109); rückblickende Analyse bei C. Waldhoff,
»Der Gesetzgeber schuldet nichts als das Gesetz«, in: FS Isensee, 2007, S. 325 ff.
  [210] Payandeh, Gebot (Fn. 190), S. 612. Eingehende Diskussion der Forderung
nach optimaler Gesetzgebungsmethodik bei Meßerschmidt, Gesetzgebungsermessen (Fn. 51), S. 841 ff.
  [211] Eindringlich BVerfGE 50, 290 (336 ff.).
  [212] Payandeh, Gebot (Fn. 190), S. 613 f.

schränkung noch nicht verletzt hat, solange er von einem absoluten Forschungsverbot absieht und Forschung, wenn auch mit Stichtagsregelungen und qualifizierten Anforderungen an einen Import von Stammzellinien, prinzipiell zuläßt[213]. Solange sich kein vollständiges Verbot der Forschung an überzähligen Embryonen ergibt, der Staat also insofern der Garantie des Art. 5 Abs. 3 GG noch Raum läßt und auf diese Weise auch seiner Schutzpflicht für Leben und Gesundheit der Bevölkerung nachkommt, solange mag die eklatante Inkonsistenz bei der Behandlung von Embryonen *in vitro* und *in vivo* noch hinnehmbar sein[214]. Unumgänglich erscheint allerdings die Erkenntnis, daß diese außerordentlich restriktive Rechtslage keinesfalls durch die Verfassung zwingend vorgegeben ist. Das Grundgesetz würde durchaus eine deutliche Lockerung der derzeit bestehenden Rechtslage zulassen; es verbietet die Forschung an überzähligen Embryonen nicht zwingend, sondern bietet im Sinne der eingangs angedeuteten Vorstellung vom »Rahmen« legislativen Handlungsspielraum für eine weitreichende Liberalisierung[215]. Eine solche partielle Freigabe ist beispielsweise mit der Zulassung der PID in eng umgrenzten Fällen erfolgt[216], wobei es hier im Rahmen der grundgesetzlich gebotenen Abwägung nicht um die Forschungsfreiheit, sondern die Fortpflanzungsfreiheit der betroffenen Paare ging.

---

[213] Das ist deswegen ein heikler Punkt, weil zur Forschungsfreiheit eben im Kern auch die Wahl der Methode zählt (siehe nur *I. Pernice*, in: H. Dreier [Hrsg.], GG-Kommentar, Bd. I, 2. Aufl. 2004, Art. 5 III [Wissenschaft] Rn. 30 m. w. N.). Breit angelegter Rechtsvergleich zu dieser Problematik bei *C. Seith*, Status und Schutz des extrakorporalen Embryos, 2007, S. 198 ff., 262 ff., 286 ff.; knapp *Trute* (Fn. 66), § 88 Rn. 34.

[214] In diese Richtung auch: *Nationaler Ethikrat*, Frage (Fn. 165), S. 39 ff. (dort allerdings mit dem Vorschlag, an die Stelle der pauschalen Stichtagsregelung eine Einzelfallprüfung treten zu lassen, der von der Politik nicht aufgegriffen wurde).

[215] Zu Hintergründen, rechtspolitischer Diskussion und verfassungsrechtlicher Zulässigkeit einer derartigen Liberalisierung siehe *Dreier* (Fn. 56), Art. 1 I Rn. 77 ff., 92 ff., 115; vgl. *Merkel*, Forschungsobjekt (Fn. 113), S. 264 ff., 270 ff.

[216] Siehe oben bei und in Fn. 177.

3. Gesamtgesellschaftliche Folgeerwägungen und Dammbruchargumente: Das Irrationalitätsprivileg der Politik

Die bisherigen Erörterungen haben sich beim Pro und Contra insbesondere der bioethischen Positionen ganz auf die Statusfrage konzentriert, also den moralischen wie rechtlichen Status der frühen Embryonen als maßgeblich in den Blick genommen. Es gibt aber noch einen ganz anderen Begründungsstrang, nämlich den gesamtgesellschaftlichen[217]. Hier geht es im wesentlichen um Folgeanalysen, die – wie wir spätestens seit Max Weber wissen[218] – bei allen Werturteilsfragen eine herausragende Rolle spielen. Bezogen auf die Bioethik bedeutet das: man fragt nicht nach möglichen Verletzungen von rechtlichen oder moralischen Positionen des Embryos, sondern danach, welche sozialen Folgen die Einführung derartiger Praktiken nach sich ziehen könnte bzw. würde. Gegenstand der Betrachtung ist demnach »eine andere Dimension menschlichen Handelns«[219], nämlich die Bedeutung, die Handlungen für das soziale und politische Zusammenleben sowie für moralische Orientierungen und die Stabilisierung normativer Standards zukommt, auf die sie sich gegebenenfalls negativ auswirken. Geraten wir mit der Zulassung von Embryonenforschung und PID auf eine schiefe Bahn? Entwickeln wir einen selektiven Blick, der bald auch schon das geborene Leben treffen wird? Verlieren wir unsere normative Orientierungssicherheit in Bezug auf bestimmte Basisannahmen wie die gleiche Freiheit und Würde aller Menschen, wenn wir das Klonen zulassen? Verletzen wir zivilisatorische Mindeststandards?[220]

Hier betreten wir somit das Feld, auf dem sich etwa mögliche Gefährdungen unseres Selbstverständnisses als moralisch und rechtlich eigenverantwortliche Individuen thematisieren sowie andere

---

[217] Klare Unterscheidung zwischen beiden Argumentationssträngen etwa bei *Schröder*, Stellungnahme (Fn. 80), S. 1, 6; *Merkel*, Forschungsobjekt (Fn. 113), S. 190 ff.; *Nationaler Ethikrat*, Klonen (Fn. 164), S. 48 ff.

[218] Siehe *Dreier*, Wertfreiheit (Fn. 47), S. 57 ff.

[219] *Schröder*, Forschung (Fn. 10), S. 299.

[220] Als eine besorgte Stimme von vielen *Picker*, Menschenwürde (Fn. 54), S. 59 ff. mit der sprechenden Überschrift »Die Gefährdung der Grundlagen der Zivilität«.

unerwünschte Folgen neuartiger Biotechnologien für unser Selbst-verständnis zur Diskussion stellen lassen. Zudem werden mögliche Gefährdungen künftiger Generationen oder andere unbeabsichtigte Implikationen der damit verbundenen Praktiken in den Blick genom-men. Besonders verbreitet sind sog. Dammbruch-Argumente. Sie weisen die Struktur auf, daß eine bestimmte neue Regelung (z. B. die Zulassung einer PID für durch Erbkrankheiten schwer vorbelastete Paare) zwar für sich betrachtet gerechtfertigt sein könnte, man sich dadurch aber zwingend und unausweichlich in eine Art Abwärtsspi-rale begeben würde.

In der Debatte über die PID wurde beispielsweise immer wieder die Befürchtung geäußert (bzw. im Ton absoluter Gewißheit als un-ausweichliche Folge prognostiziert), ihre Zulassung würde zu einem unerträglichen eugenischen Gesamtklima in der Gesellschaft führen und behinderte Menschen entweder direkt diskriminieren oder zu-mindest eine stark sinkende Akzeptanz von Behinderungen und Behinderten nach sich ziehen. Auch käme es wie bei der Pränatal-diagnostik zu einer unkontrollierten Ausweitung und massenhaften Anwendung dieser Technik[221]. Besonders gängig war und ist die Vorstellung eines unaufhaltsamen Weges zur Menschenzüchtung und zum Genshopping, wofür sich die plastische Wendung vom »Designer-Baby« einbürgerte, zu dem die PID über kurz oder lang führen würde. Aber auch beim reproduktiven Klonen darf (im Unter-schied zum Klonen zu Forschungszwecken[222]) als – vermutlich sogar stärkstes – Argument die Überlegung gelten, daß deren Zulassung die Idee der Zulässigkeit gezielter Fabrikation von Menschen durch künstliche Reproduktion befördern und somit zu einer Gefährdung von Orientierungssicherheit über die tragenden normativen Grund-lagen des politischen Gemeinwesens führen würde[223].

---

[221] Siehe hierzu die Argumente pro und contra in: *Nationaler Ethikrat*, Gene-tische Diagnostik (Fn. 175), S. 88 ff., 138 ff.

[222] Zum zentralen Unterschied zwischen beiden Formen *Nationaler Ethikrat* (Fn. 164), S. 39 ff., 52 ff.; *Dreier* (Fn. 56), Art. 1 I Rn. 108 ff.

[223] Das Argument ist beim reproduktiven Klonen deswegen besonders stark, weil sich eine Menschenwürdeverletzung bei den an diesem Vorgang Beteiligten (Klonspender und erzeugter Klon) nur schwer begründen läßt. Näher *Dreier* (Fn. 56), Art. 1 I Rn. 110 f.

Wie alle Beweisgründe sind auch diejenigen zu den vermuteten Folgen bestimmter Handlungen von unterschiedlicher Überzeugungskraft. Während die Überlegungen zum gesamtgesellschaftlich destruktiven Effekt des reproduktiven Klonens durchaus einzuleuchten vermögen, erscheinen andere als wenig stichhaltig oder gar grob irreführend. So suggeriert das Schlagwort vom »Designer-Baby« die Vorstellung, mit Hilfe dieser Technik werde man gleichsam maßgeschneiderte Kinder züchten können, um sie dann wie aus einem Warenhauskatalog auszuwählen. Besteht aber erst einmal Klarheit darüber, daß die PID einem bestimmten genetisch schwer vorbelasteten Paar die Diagnose der befruchteten Eizelle auf Krankheiten ermöglicht, diese befruchtete Eizelle aber keine anderen genetischen Eigenschaften haben kann als die, die aus der Kombination des Erbguts der beiden Elternteile folgen[224], so erweist sich das sog. Designer-Baby rasch als das, was es von Anfang an war: eine »Journalistenerfindung« (Richard Schröder), bestens geeignet zur Weckung von Emotionen und dem Ausmalen von Horrorszenarien[225]. Ebensowenig plausibel stellt sich bei näherem Hinsehen die Befürchtung dar, die Zulassung der PID führe zu einer Diskriminierung Behinderter, da sie jeglicher empirischen Evidenz entbehrt[226]. In Ländern wie Großbritannien,

---

[224] Zu den naturwissenschaftlichen Hintergründen verständlich *Nüsslein-Volhard*, Werden des Lebens (Fn. 119), S. 184 ff.

[225] Scharf gegen das Dammbruchargument J. *Kaube*, Wider den PID-Alarmismus, in: FAZ Nr. 155 v. 7.7.2011, S. 29. Vgl. auch die Ad-hoc-Stellungnahme der Leopoldina vom Januar 2011: Präimplantationsdiagnostik (PID) – Auswirkungen einer begrenzten Zulassung in Deutschland, 2. Aufl. 2011, S. 25: »Zu den verbreiteten Sorgen gehört die Befürchtung, dass sich die Anwendung der PID nicht auf die Vermeidung schwerwiegender Erkrankungen beschränken lasse, sondern auch auf weniger gravierende, eventuell auf banale Merkmale oder gar auf eine positive Selektion ausgeweitet werde. Gegen diese Befürchtung sprechen allerdings die bisherigen internationalen Erfahrungen, die untersuchungstechnische Unmöglichkeit einer Selektion nach komplexen, positiven Merkmalen wie Schönheit oder Intelligenz und die Option, den Indikationsbereich für die PID gesetzlich streng zu begrenzen.«

[226] *Schlink*, Fragen (Fn. 146), S. 16 argumentiert überzeugend, daß angesichts einer sehr stabilen Unterscheidung zwischen Embryonen im pränidativen Stadium und geborenen Menschen sich das Slippery-Slope-Argument schlicht verbiete: »Die Schwelle zwischen dem Umgang mit befruchteten Eizellen und allem, was nicht nur menschliches Leben ist, sondern auch menschliches Antlitz trägt,

3. Gesamtgesellschaftliche Folgeerwägungen

wo sie seit vielen Jahren praktiziert wird, haben sich derartige Phänomene nicht feststellen lassen. In Deutschland wiederum, wo die vergleichbare, aber erst nach Beginn einer Schwangerschaft mögliche PND sich seit langem als ein massenweise praktiziertes Routineverfahren etabliert hat und die strafrechtlichen Regelungen des Schwangerschaftsabbruchs seit mehreren Jahrzehnten liberalisiert worden sind, haben – ganz im Gegenteil – die Maßnahmen zur Förderung von Behinderten sowie deren gesellschaftliche Akzeptanz im gleichen Zeitraum erkennbar und in deutlichem Ausmaß zugenommen[227].

Ganz überwiegend sind die oft ins Spiel gebrachten Dammbruchargumente also wenig stichhaltig. Freilich liegt auf der Hand, daß bei der Einschätzung gesamtgesellschaftlicher Entwicklungen, insbesondere im Bereich von Mentalitäten und Einstellungen, dem Gesetzgeber ein besonders großer Prognose- und Gestaltungsspielraum einzuräumen ist. Die Einstufung der Gefährlichkeit bestimmter Entwicklungsprozesse für die normative Struktur einer von allen geteilten Sozialwelt setzt stark subjektive Wertungen und Beurteilungen voraus, über deren Tragweite und Gewicht man durchaus unterschiedlicher Auffassung sein kann. Es bedarf hier für eine Regelung nicht wissenschaftlich evidenter und stichhaltiger Beweise, so wie umgekehrt auch möglicherweise unvernünftige Befürchtungen oder übertriebene Ängste Mehrheiten in den parlamentarischen Vertretungskörperschaften oder – im Falle direkter Demokratie – im Staatsvolk finden können. Das ist, wenn man es einmal zugespitzt formulieren will, das Irrationalitätsprivileg der Politik[228]. Davor muß

---

ist nichts Schlüpfriges, über das man hinwegrutscht. Sie ist hoch und fest. So offenbart die Behauptung einer schlüpfrigen Nähe zwischen befruchteten Eizellen und Behinderten nur Unkenntnis über das, was Kontakt mit Behinderten ist.«

[227] Nochmals *Leopoldina*, Ad-hoc-Stellungnahme (Fn. 225), S. 25: »Im Übrigen sind nach allen bisherigen Erfahrungen negative Auswirkungen auf Integration und Unterstützung geborener Menschen mit erblichen Krankheiten von einer PID-Zulassung ebenso wenig zu erwarten, wie sie bisher durch die PND-Praxis eingetreten ist. Das lässt sich in Ländern mit PID-Praxis beobachten.«

[228] Die in Deutschland nach dem Reaktorunglück im japanischen Fukushima ins Werk gesetzte Energiewende wird auch und gerade im europäischen Ausland als Beispiel für die *German Angst* wahrgenommen und von vielen Technikern und Vertretern der Ingenieurwissenschaften für rational nicht nachvollziehbar erklärt.

die Wissenschaft nicht kapitulieren, darf den Umstand aber auch
nicht ignorieren. Der voluntaristische Kern der Demokratie läßt
Regelungen zu, denen streng rationale Strukturen abgehen und die
vor dem Forum reiner Vernunft – die Existenz eines solchen Forums
einmal vorausgesetzt – keinen Bestand hätten. Politische Entscheidungen sind nicht von vornherein auf wissenschaftlich tragfähige
Konzepte festgelegt. Die plurale Vielfalt, von der eingangs die Rede
war, umfaßt eben auch Wertungen, die bei Anlegung strikt wissenschaftlicher Maßstäbe schwerlich Bestand hätten. Implausibilitäten
oder allzu gewagte Ursache-Wirkung-Hypothesen ziehen ebenso
wenig ohne weiteres das Verdikt der Verfassungswidrigkeit nach sich
wie Inkonsistenzen und ein Mangel an Folgerichtigkeit – zumal die
Grenze zwischen unbegründeten Annahmen und risikoabwehren-
den Vorsorgemaßnahmen schwer zu ziehen sein wird. Bei alledem
geht es also nicht etwa um ein Plädoyer für Irrationalität und den
fröhlichen Verzicht auf nachvollziehbare Begründungen, sondern um
das schlichte Anerkenntnis der Grenzen rationaler Politikgestaltung.
Für deren Umsetzung in für alle verbindliche Gesetze bilden allein
die Normen der Verfassung eine unüberwindbare Schranke. Hier hat
allerdings der grundsätzliche Freiheitsgedanke des Grundgesetzes
im Verbund mit dem verfassungsrechtlichen Prüfraster der Geeig-
netheit, Erforderlichkeit und Verhältnismäßigkeit einschränkender
rechtlicher Regelungen[229] dafür Sorge zu tragen, daß unausweichliche
Wertungs- und Gestaltungsspielräume sich nicht zu beliebigen Restriktionen individueller Freiheit auswachsen. Auf diese Weise können wir mit dem Umstand leben, daß absolute Rationalität kollektiver
Entscheidungsfindung kaum möglich erscheint, wer auch immer zur
Entscheidung berufen ist – der parlamentarische Gesetzgeber, das
Volk oder als letzte Prüfinstanz ein Verfassungsgericht. Das gilt im
übrigen ganz abgesehen davon, ob eine solche absolute Rationalität
mit wissenschaftlicher Objektivität überhaupt festzustellen ist und ob
sie politisch und sozial als wünschenswert anzusehen wäre.

---

[229] Statt vieler *Dreier*, Vorbemerkungen (Fn. 39), Rn. 119 ff., 144 ff.; *Hufen*,
Staatsrecht II (Fn. 39), § 9 Rn. 14 ff.

VI. Von den Zumutungen freiheitlicher Gesellschaften

Wir haben die vorliegende kleine Abhandlung mit Überlegungen nach den Grenzen der Gestaltungsmacht des Gesetzgebers begonnen, die ihm durch die höherrangigen Normen des Grundgesetzes gezogen sind. Die weitere Untersuchung hat sodann ergeben, daß weder die Garantie der Menschenwürde (Art. 1 Abs. 1 GG) noch das Grundrecht auf Leben und körperliche Unversehrtheit (Art. 2 Abs. 2 GG) zu einem kategorischen Verbot der modernen medizinischen und humantechnologischen Praktiken der IVF, der PID, der Forschung an überzähligen Embryonen oder des therapeutischen Klonens zwingen. Als ausschlaggebend für diese Bewertung hat sich vor allem die oft nicht bedachte eigenartige Entwicklung menschlichen Lebens im pränidativen Stadium erwiesen. Grundrechte sind Rechte des und jeden Individuums. Die hier zur Diskussion stehenden Maßnahmen greifen aber in einem so frühen Stadium der embryonalen Entwicklung, in dem eine Individuation noch gar nicht eingetreten ist. Zu dieser kommt es ungefähr zwei Wochen nach der Befruchtung mit der Ausbildung des sog. Primitivstreifens und ungefähr zeitgleich mit der Nidation, also der Einnistung der befruchteten Eizelle in den Uterus. Davor können wir von artspezifischem menschlichen Leben (human life), aber noch nicht von einem konkreten menschlichen Individuum (human being) sprechen; es liegt kein Individuum, sondern etwas durchaus noch Teilbares, ein Dividuum vor. Auch alle weiteren gern ins Feld geführten Argumente für die Erstreckung der verfassungsrechtlichen Garantien auf diese embryonale Frühphase (Spezies-, Kontinuitäts-, Identitäts- und Potentialitätsargument) halten näherer verfassungsrechtlicher Überprüfung nicht stand.

Dem Gesetzgeber stand es also verfassungsrechtlich jedenfalls zu, die PID in eng begrenzten Ausnahmefällen zu erlauben, und

es stünde ihm frei, weitere bestehende Restriktionen des ESchG
zu lockern. So spräche beispielsweise verfassungsrechtlich ebenfalls
nichts dagegen, die Forschung an überzähligen Embryonen auch in
Deutschland zuzulassen – so wie in den USA, Großbritannien, Israel
und vielen anderen Staaten dieser Welt.

Gemäß der in Deutschland bestehenden Rechtslage ist nach wie
vor der Embryo in vitro sehr viel stärker geschützt als das später im
Rahmen einer Schwangerschaft zum Fötus herangewachsene ungeborene Leben. Das stellt ohne Zweifel einen eklatanten Wertungswi-
derspruch dar, der sich weder wegreden noch ignorieren läßt. Den-
noch liegt allein darin kein Verfassungsverstoß begründet, der aus
Gleichheitsgesichtspunkten zwingend in die eine oder andere Richtung aufzulösen wäre. Widerspruchsfreiheit, Kohärenz und Stringenz
sind zwar durchaus anzustrebende Ideale der Normsetzung, aber
keine harten verfassungsrechtlichen Vorgaben. Das kann deswegen
nicht anders sein, weil Politik in der pluralen, parteienstaatlich geprägten Demokratie auch immer das Eingehen von Kompromissen
und das Finden von Mittelwegen impliziert, was zuweilen durchaus
widersprüchlich anmutende Regelungen nach sich zieht. Verfassungsrechtlich entscheidender Prüfungsmaßstab bleiben allein die
Normen des Grundgesetzes. Dadurch, daß die Forschung an embryonalen Stammzellen nicht einem völligen Verbot unterliegt, sondern
in den (engen) Grenzen des StZG möglich bleibt, und dadurch, daß
dem Grundrecht auf Fortpflanzungsfreiheit durch die Ermöglichung
der PID für erblich schwer vorbelastete Paare Rechnung getragen
wurde, dürfte der Gesetzgeber das Verdikt der Verfassungswidrigkeit vermieden haben. Weder Art. 1 Abs. 1 noch Art. 2 Abs. 2 GG
hindern ihn an weitergehender Liberalisierung, wenn sich die dafür
erforderlichen politischen Mehrheiten finden. Bis dahin wird es bei
der durchaus merkwürdigen Rechtslage bleiben, daß einerseits die
Forschung an überzähligen Embryonen im Achtzellstadium verboten
ist, obwohl die Alternative dazu in ihrer immerwährenden Kryokon-
servierung oder ihrer Vernichtung besteht, während andererseits
Föten bis zur zwölften Schwangerschaftswoche – bei Einhaltung der
Beratungspflicht – ohne die Notwendigkeit der Darlegung irgendwel-
cher substantiellen Gründe abgetrieben werden dürfen.

Diese Lage spiegelt im Grunde die Befindlichkeit einer pluralen, vielfach zerrissenen und von unterschiedlichsten Werthaltungen geprägten Gesellschaft wider, die den Abwehrreflex gegen die vorgebliche Kälte klinischer Labors ebenso kennt wie das an dieser Stelle zuweilen etwas hohl wirkende Pathos weiblicher Selbstbestimmung. Hier sieht sich jeder gesetzgeberische Normierungsakt immer wieder hochgradig divergenten gesellschaftlichen Auffassungen und Grundwertungen gegenüber. Inkompatible Wahrheitsansprüche, Glaubenssätze, Überzeugungen und Lebensformen stehen in der fragmentierten Moderne nebeneinander und oft gegeneinander. Eine von allen geteilte Meinung zu den bioethischen Grundfragen wird sich im freiheitlichen Verfassungsstaat unserer Tage mit seinem hochgradig entwickelten Pluralismus schwerlich finden lassen. Umso wichtiger dürfte es sein, sich klarzumachen, daß dieser Verfassungsstaat eine gewissermaßen riskante und an Spannungen und Konflikten reiche Form des politischen Miteinanders darstellt[230]. Andere dürfen einen Glauben praktizieren, den ich für blanke Häresie oder für Ketzerei halte? Sie dürfen eine Lebensform wählen, die mir zutiefst sündhaft erscheint? Sie forschen auf Gebieten, die ich für absolut unethisch halte? Auf alle diese Fragen ist in einer freiheitlichen Demokratie mit einem uneingeschränkten »Ja« zu antworten. Hier wird Verschiedenheit zugelassen, und zwar auch und gerade in sensiblen Bereichen der eigenen Grundüberzeugungen, in denen es um wahr und falsch, gut und böse, sittlich und unsittlich geht[231]. Die ständige Konfrontation mit – aus subjektiver Perspektive – irritierenden, anstößigen, verstörenden und die eigene Gefühls- und Vorstellungswelt möglicherweise sogar verletzenden Meinungen, Handlungen und Lebensformen macht geradezu das Lebenselixier einer Gesellschaft aus, die sich als freiheitliche und plurale begreift. Die darin liegenden Zumutungen von keineswegs unerheblichem Gewicht muß der

---

[230] Zum folgenden näher *Dreier*, Verfassungsstaat (Fn. 28), S. 30 ff.

[231] Jüngstes Beispiel ist die Forderung nach Wiedereinführung eines (weit über den derzeitigen § 166 StGB hinausgehenden) Straftatbestandes der Blasphemie; dagegen mit treffendem Hinweis auf die freiheitliche Grundstruktur der Verfassung *B. Rox*, Vom Wert der freien Rede – Zur Strafwürdigkeit der Blasphemie, in: JZ 2013, S. 30 ff.

Einzelne aushalten. Er sollte ihnen im Geiste der Toleranz als einer von Selbstbewußtsein und Ich-Stärke zeugenden Bürgertugend begegnen. Ein probates Mittel, ethische Diversität erträglich zu gestalten, besteht im übrigen darin, individuelle Freiheitsausübungen zu gewährleisten und zugleich höchstpersönlichen Gewissenskonflikten vorzubeugen. Das geschieht beispielsweise dadurch, daß Ärzte an Schwangerschaftsabbrüchen nicht mitwirken müssen. Es wird auch kein Biologe gezwungen, Forschung an embryonalen Stammzellen zu treiben. Ungewollt kinderlose Paare können auf Formen assistierter Reproduktion zurückgreifen, ohne daß sie irgend jemand dazu nötigen dürfte. So kann zumindest jeder seinem eigenen moralischen Kompaß folgen. Das entspannt die Konfliktfelder deutlich, bedeutet aber umgekehrt: aus dem Umstand allein, daß für einige Mitglieder der Gesellschaft PID, Forschung an überzähligen Embryonen oder Methoden der IVF Anathemata sind, folgt eben noch nicht, daß auch anderen diese Handlungsweisen verschlossen wären bzw. sie ihnen untersagt werden müßten. Der freiheitliche Verfassungsstaat mutet uns gerade zu, damit zu leben, daß partikulare Moralvorstellungen nicht umstandslos in ein für alle geltendes Strafgesetz transformiert werden können. Das auszuhalten, fällt manchen Beteiligten insbesondere auf dem verminten Gelände bioethischer Debatten sichtlich schwer. Und doch besteht in dieser Form der Trennung von Recht und Moral die einzige Möglichkeit, in einer Gesellschaft mit unterschiedlichen kulturellen Prägungen und ethischen Grundüberzeugungen zu einem modus vivendi zu gelangen. Autonome Gewissensbildung und individuelle Lebensgestaltung können davon letztlich genauso profitieren wie ein Staat, der sich darüber im klaren bleibt, daß das Recht stets nur das »ethische Minimum«[232] zu gewährleisten vermag.

---

[232] G. Jellinek, Über die sozialethische Bedeutung von Recht, Unrecht und Strafe (1878), 2. Aufl. 1908, S. 46.

Literaturverzeichnis

Adanali, Hadi: Klonen beim Menschen: Ethische Prinzipien und Zukunftsperspektiven – ein islamischer Standpunkt, in: Thomas Eich/Helmut Reifeld
(Hrsg.), Bioethik im christlich-islamischen Dialog, St. Augustin 2004, S. 35–53.

Anderheiden, Michael: »Leben« im Grundgesetz, in: KritV 84 (2001), S. 353–381.

Anselm, Reiner, u. a.: Starre Fronten überwinden. Eine Stellungnahme evange-
lischer Ethiker zur Debatte um die Embryonenforschung, in: ders./Ulrich
H. J. Körtner (Hrsg.), Streitfall Biomedizin. Urteilsfindung in christlicher
Verantwortung, Göttingen 2003, S. 197–208.

Anselm, Reiner: Die Kunst des Unterscheidens. Theologische Ethik und kirchliche Stellungnahme, in: ders./ Ulrich H. J. Körtner (Hrsg.), Streitfall Biomedizin. Urteilsfindung in christlicher Verantwortung, Göttingen 2003, S. 47–70.

Atighetchi, Darius: Islamic Bioethics: Problems and Perspectives, New York 2007.

Ausschuß für Gesundheit des Deutschen Bundestags: Protokoll der 42. Sitzung
v. 25. Mai 2011.

Badura, Peter: Art. Verfassung, in: Evangelisches Staatslexikon, 3. Aufl., Stuttgart
1987, Sp. 3737–3760.

Bahners, Patrick: Bürger Embryo, in: FAZ Nr. 150 v. 2. Juli 2001, S. 43.

Baldus, Manfred: Menschenwürde und Absolutheitsthese. Zwischenbericht zu
einer zukunftsweisenden Debatte, in: AöR 136 (2011), S. 529–552.

Bayertz, Kurt: Art. Menschenwürde, in: Hans Jörg Sandkühler (Hrsg.), Enzyklopädie Philosophie, Bd. II, Hamburg 2010, S. 1553–1558.

Beck, Susanne: Stammzellforschung und Strafrecht. Zugleich eine Bewertung der
Verwendung von Strafrecht in der Biotechnologie, Berlin 2006.

Beck, Susanne: PID – moralisch vertretbar oder »nur« regulierungsbedürftig?
Überprüfung der Möglichkeit einer strafrechtlichen Regulierung der PID,
in: Carl Friedrich Gethmann/Stefan Huster (Hrsg.), Recht und Ethik in der
Präimplantationsdiagnostik, Paderborn 2010, S. 189–210.

Berman, Harold J.: Recht und Revolution. Die Bildung der westlichen Rechtstradition, Frankfurt am Main 1991.

Beyleveld, Deryck: Human Dignity in Bioethics and Biolaw, New York 2004.

Böckenförde, Ernst-Wolfgang: Menschenwürde als normatives Prinzip, in: JZ
2003, S. 809–815.

v. Bogdandy, Armin: Europäische und nationale Identität: Integration durch
Verfassungsrecht?, VVDStRL 62 (2003), S. 156–193.

Braun, Kathrin: Menschenwürde und Biomedizin. Zum philosophischen Diskurs
der Bioethik, Frankfurt am Main–New York 2000.

Bräunig, Anja: Die Gestaltungsfreiheit des Gesetzgebers in der Rechtsprechung des Bundesverfassungsgerichts zur deutschen Wiedervereinigung. Zur Funktion einer Argumentationsfigur anhand ausgewählter Beispiele, Berlin 2007.

Britz, Gabriele: Art. 5 III (Wissenschaft) GG, in: Horst Dreier (Hrsg.), Grundgesetz-Kommentar, Bd. I, 3. Aufl., Tübingen 2013.

Bruce, Donald: Warum wir dem »therapeutischen Klonen« zustimmen, in: FAZ Nr. 178 v. 3. August 2001, S. 43.

Bumke, Christian: Die Pflicht zur konsistenten Gesetzgebung, in: Der Staat 49 (2010), S. 77–105.

Cornils, Matthias: Rationalitätsanforderungen an die parlamentarische Rechtsetzung im demokratischen Rechtsstaat, in: DVBl. 2011, S. 1053–1061.

Czerner, Frank: Die Kodifizierung der Präimplantationsdiagnostik (PID) in § 3a ESchG im Ensemble pränataldiagnostischer und schwangerschaftsbezogener Untersuchungen des Fötus, in: MedR 2011, S. 783–789.

Daele, Wolfgang van den: Streitkultur. Über den Umgang mit unlösbaren moralischen Konflikten im Nationalen Ethikrat, in: Dieter Gosewinkel / Gunnar Folke Schuppert (Hrsg.), Politische Kultur im Wandel von Staatlichkeit, Berlin 2008, S. 357–384.

Damschen, Gregor / Schönecker, Dieter (Hrsg.): Der moralische Status menschlicher Embryonen. Pro und contra Spezies-, Kontinuums-, Identitäts- und Potentialitätsargument, Berlin 2003.

Dann, Philipp: Verfassungsgerichtliche Kontrolle gesetzgeberischer Rationalität, in: Der Staat 49 (2010), S. 630–646.

Dederer, Hans-Georg: Menschenwürde des Embryos in vitro?, in: AöR 127 (2002), S. 1–26.

Dederer, Hans-Georg: Verfassungskonkretisierung im Verfassungsneuland: Das Stammzellgesetz, in: JZ 2003, S. 986–994.

Denninger, Erhard: Embryo und Grundgesetz. Schutz des Lebens und der Menschenwürde vor Nidation und Geburt, in: KritV 86 (2003), S. 191–209.

Deutsch, Erwin: Embryonenschutz in Deutschland, in: NJW 1991, S. 721–725.

Deutscher Ethikrat: Präimplantationsdiagnostik. Stellungnahme, Berlin 2011.

Dietlein, Johannes: Die Lehre von den grundrechtlichen Schutzpflichten (1992), 2. Aufl., Berlin 2005.

Di Fabio, Udo: Art. 2 Abs. 2 Satz 1 GG, in: Theodor Maunz / Günter Dürig (Hrsg.), Grundgesetz. Loseblatt-Kommentar, Bd. I, München 2011 (S. 11–82).

Dreier, Horst: Rechtslehre, Staatssoziologie und Demokratietheorie bei Hans Kelsen (1986), 2. Aufl., Baden-Baden 1990.

Dreier, Horst: Kanonistik und Konfessionalisierung – Marksteine auf dem Weg zum Staat, in: JZ 2002, S. 1–13.

Dreier, Horst: Lebensschutz und Menschenwürde in der bioethischen Diskussion, in: ders. / Wolfgang Huber, Bioethik und Menschenwürde, hrsgg. v. Hans-Richard Reuter, Münster 2002, S. 9–49.

Dreier, Horst: Stufungen des vorgeburtlichen Lebensschutzes, in: ZRP 2002, S. 377–383.

Dreier, Horst: Kants Republik, in: JZ 2004, S. 745–756.

Dreier, Horst: Vorbemerkungen vor Art. 1 GG, in: ders. (Hrsg.), Grundgesetz-Kommentar, Bd. I, 2. Aufl., Tübingen 2004 (S. 33–89).

Dreier, Horst: Art. 1 I GG, in: ders. (Hrsg.), Grundgesetz-Kommentar, Bd. I, 2. Aufl., Tübingen 2004 (S. 90–129).

Dreier, Horst: Deutschland, in: Armin von Bogdandy / Pedro Cruz Villalón / Peter M. Huber (Hrsg.), Handbuch Ius Publicum Europaeum, Bd. I, Heidelberg 2007, § 1 (S. 3–85).

Dreier, Horst: Grenzen des Tötungsverbotes – Teil I, in: JZ 2007, S. 261–270.

Dreier, Horst: Gilt das Grundgesetz ewig? Fünf Kapitel zum modernen Verfassungsstaat, München 2009.

Dreier, Horst: Art. Verfassung, in: Hans Jörg Sandkühler (Hrsg.), Enzyklopädie Philosophie, Bd. III, Hamburg 2010, S. 2867–2875.

Dreier, Horst: Der freiheitliche Verfassungsstaat als riskante Ordnung, in: Rechtswissenschaft. Zeitschrift für rechtswissenschaftliche Forschung 1 (2010), S. 11–38.

Dreier, Horst: Max Webers Postulat der Wertfreiheit in der Wissenschaft und die Politik, in: ders. / Dietmar Willoweit (Hrsg.), Wissenschaft und Politik, Stuttgart 2010, S. 35–70.

Dreier, Horst: Säkularisierung des Staates am Beispiel der Religionsfreiheit, in: Rg 19 (2011), S. 72–86.

Dreier, Horst: Wozu dienen Ethikräte?, in: Ivo Appel / Georg Hermes / Christoph Schönberger (Hrsg.), Öffentliches Recht im offenen Staat. Festschrift für Rainer Wahl zum 70. Geburtstag, Berlin 2011, S. 57–74.

Dürig, Günter: Der Grundrechtssatz von der Menschenwürde, in: AöR 81 (1956), S. 117–157.

Eich, Thomas: Islam und Bioethik. Eine kritische Analyse der modernen Diskussion im islamischen Recht, Wiesbaden 2005.

Eich, Thomas (Hrsg.): Moderne Medizin und islamische Ethik. Biowissenschaften in der muslimischen Rechtstradition, Freiburg i.Br. 2008.

Enders, Christoph: Embryonenschutz als Statusfrage?, in: Zeitschrift für Rechtsphilosophie 2003, S. 126–139.

Enders, Christoph: Art. 1 GG, in: Klaus Stern / Florian Becker (Hrsg.), Grundrechte-Kommentar, Köln 2010 (S. 81–172).

Ernst, Stephan: Mitschuld am Embryonenverbrauch? Das moraltheologische Prinzip der Mitwirkung und die Bewertung der Stichtagsverschiebung, in: Konrad Hilpert (Hrsg.), Forschung contra Lebensschutz, Freiburg i.Br. u.a. 2009, S. 297–321.

Eser, Albin: § 218a, in: Adolf Schönke / Horst Schröder, Strafgesetzbuch. Kommentar, 28. Aufl., München 2010 (S. 1962–1982).

Eser, Albin / Koch, Hans-Georg: Schwangerschaftsabbruch im internationalen Vergleich, Teil 3: Rechtsvergleichender Querschnitt – Rechtspolitische Schlußbetrachtungen – Dokumentation zur neueren Rechtsentwicklung, Baden-Baden 1999.

Esser, Werner: Die Rechtswidrigkeit des Aborts, in: MedR 1983, S. 57–60.

Evangelische Kirche in Deutschland: Im Geist der Liebe mit dem Leben umgehen. Argumentationshilfe für aktuelle medizin- und bioethische Fragen (= EKD-Texte 71), Hannover 2002.

Fischer, Johannes: Die Schutzwürdigkeit menschlichen Lebens in christlicher Sicht, in: Reiner Anselm/Ulrich H. J. Körtner (Hrsg.), Streitfall Biomedizin. Urteilsfindung in christlicher Verantwortung, Göttingen 2003, S. 27–45.

Fischer, Johannes: Grundkurs Ethik. Grundbegriffe philosophischer und theologischer Ethik, 2. Aufl., Stuttgart 2008.

Fischer, Johannes: Menschenwürde und Anerkennung. Zur Verwendung des Menschenwürdebegriffs in der Debatte über den Status vorgeburtlichen Lebens, in: ZEE 51 (2007), S. 24–39.

Fischer, Thomas: Strafgesetzbuch und Nebengesetze, 59. Aufl., München 2012.

Flaig, Egon: Die Mehrheitsentscheidung. Entstehung und kulturelle Dynamik, Paderborn 2013.

Foster, Charles: Human Dignity in Bioethics and Law, Oxford u. a. 2011.

Fraenkel, Ernst: Der Pluralismus als Strukturelement einer freiheitlichen Demokratie (1964), in: ders., Deutschland und die westlichen Demokratien, 7. Aufl., Stuttgart u. a. 1979, S. 197–221.

Gärditz, Klaus Ferdinand: Gemeinsames Adoptionsrecht eingetragener Lebenspartner als Verfassungsgebot?, in: JZ 2011, S. 930–939.

Geddert-Steinacher, Tatjana: Gentechnische Entgrenzung des Menschenbildes?, in: Wolfgang März (Hrsg.), An den Grenzen des Rechts. Kolloquium zum 60. Geburtstag von Wolfgang Graf Vitzthum, Berlin 2003, S. 19–42.

Gerhardt, Volker: Der Mensch wird geboren. Kleine Apologie der Humanität, München 2001.

Gethmann, Carl Friedrich/Huster, Stefan (Hrsg.): Recht und Ethik in der Präimplantationsdiagnostik, Paderborn 2010.

Goertz, Stephan: Die Würde des Kompromisses. Ein moraltheologisches Plädoyer, in: Konrad Hilpert (Hrsg.), Forschung contra Lebensschutz, Freiburg i. Br. 2009 u. a., S. 279–296.

Graf, Friedrich Wilhelm: Missbrauchte Götter. Zum Menschenbilderstreit in der Moderne, München 2009.

Gropp, Walter: § 218 a StGB, in: Wolfgang Joecks/Klaus Miebach (Hrsg.), Münchener Kommentar zum Strafgesetzbuch, Bd. 3, München 2003 (S. 591–613).

Gröschner, Rolf/Lembcke, Oliver W. (Hrsg.): Das Dogma der Unantastbarkeit. Eine Auseinandersetzung mit dem Absolutheitsanspruch der Würde, Tübingen 2009.

Grzeszick, Bernd: Rationalitätsanforderungen an die parlamentarische Rechtsetzung im demokratischen Rechtsstaat, VVDStRL 71 (2012), S. 7–82.

Günther, Hans-Ludwig/Kaiser, Peter/Taupitz, Jochen (Hrsg.): Embryonenschutzgesetz. Juristischer Kommentar mit medizinisch-naturwissenschaftlichen Einführungen, Stuttgart 2008.

Günther, Hans-Ludwig: § 1 Abs. 1 Nr. 5, in: ders./ Peter Kaiser/Jochen Taupitz (Hrsg.), Embryonenschutzgesetz. Juristischer Kommentar mit medizinisch-naturwissenschaftlichen Einführungen, Stuttgart 2008 (S. 172–182).

Günther, Hans-Ludwig: § 2, in: Hans-Ludwig Günther/Peter Kaiser/Jochen Taupitz (Hrsg.), Embryonenschutzgesetz. Juristischer Kommentar mit medizinisch-naturwissenschaftlichen Einführungen, Stuttgart 2008 (S. 207–226).

Gutmann, Thomas: Rechtliche und rechtsphilosophische Fragen der Präimplantationsdiagnostik, in: Carl Friedrich Gethmann/Stefan Huster (Hrsg.), Recht und Ethik in der Präimplantationsdiagnostik, Paderborn 2010, S. 61–102.

Gutmann, Thomas, u. a.: Einleitung, in: Ludwig Siep u. a. (Hrsg.), Von der religiösen zur säkularen Begründung staatlicher Normen. Zum Verhältnis von Religion und Politik in der Philosophie der Neuzeit und in rechtssystematischen Fragen der Gegenwart, Tübingen 2012, S. 1–31.

Habermas, Jürgen: Die Zukunft der menschlichen Natur. Auf dem Wege zur liberalen Eugenik?, Frankfurt am Main 2001.

Hanebeck, Alexander: Die Einheit der Rechtsordnung als Anforderung an den Gesetzgeber, in: Der Staat 41 (2002), S. 429–451.

Harris, John: Der Wert des Lebens. Eine Einführung in die medizinische Ethik, Berlin 1995.

Hartleb, Torsten: Grundrechtsschutz in der Petrischale. Grundrechtsträgerschaft und Vorwirkungen bei Art. 2 Abs. 2 GG und Art. 1 Abs. 1 GG, Berlin 2006.

Hartmann, Bernd J.: Eigeninteresse und Gemeinwohl bei Wahlen und Abstimmungen, in: AöR 134 (2009), S. 1–34.

Heck, Philipp: Gesetzesauslegung und Interessenjurisprudenz, in: AcP 112 (1914), S. 1–18.

Hefty, Georg Paul: Die im Dunkeln, in: FAZ Nr. 24 v. 29. Januar 2002, S. 1.

Heinig, Hans Michael: Verschärfung der oder Abschied von der Neutralität?, in: JZ 2009, S. 1136–1140.

Henking, Tanja: Präimplantationsdiagnostik – neues Gesetz, neue Probleme, in: ZRP 2011, S. 20–23.

Herdegen, Matthias: Die Menschenwürde im Fluß des bioethischen Diskurses, in: JZ 2001, S. 773–779.

Hermes, Georg: Das Grundrecht auf Schutz von Leben und Gesundheit. Schutzpflicht und Schutzanspruch aus Art. 2 Abs. 2 Satz 1 GG, Heidelberg 1987.

Hermes, Georg: Verfassungsrecht und einfaches Recht – Verfassungsgerichtsbarkeit und Fachgerichtsbarkeit, VVDStRL 61 (2002), S. 119–154.

Hermes, Georg: Grundrechtsbeschränkungen auf Grund von Gesetzesvorbehalten, in: Detlef Merten/Hans-Jürgen Papier (Hrsg.), Handbuch der Grundrechte in Deutschland und Europa, Bd. III, Heidelberg 2009, § 63 (S. 333–363).

Heun, Werner: Das Mehrheitsprinzip in der Demokratie. Grundlagen – Struktur – Begrenzungen, Berlin 1983.

Heun, Werner: Embryonenforschung und Verfassung – Lebensrecht und Menschenwürde des Embryos, in: JZ 2002, S. 517–524.

Heun, Werner: Humangenetik und Menschenwürde. Beginn und Absolutheit des Menschenwürdeschutzes, in: Petra Bahr/Hans Michael Heinig (Hrsg.), Menschenwürde in der säkularen Verfassungsordnung. Rechtswissenschaftliche und theologische Perspektiven, Tübingen 2006, S. 197–214.

Heun, Werner: Menschenwürde und Lebensrecht als Maßstäbe für PID? Dargestellt aus verfassungsrechtlicher Sicht, in: Carl Friedrich Gethmann/Stefan Huster (Hrsg.): Recht und Ethik in der Präimplantationsdiagnostik, Paderborn 2010, S. 103–128.

Hilgendorf, Eric: Überlebensinteresse und Recht auf Leben – eine Kritik des »Ratioismus«, in: Peter Strasser/Edgar Starz (Hrsg.), Personsein aus bioethischer Sicht (= ARSP-Beiheft 73), Stuttgart 1997, S. 90–108.

Hilgendorf, Eric: Klonverbot und Menschenwürde – Vom Homo sapiens zum Homo xerox? Überlegungen zu § 6 Embryonenschutzgesetz, in: Max-Emanuel Geis/Dieter Lorenz (Hrsg.), Staat, Kirche, Verwaltung. Festschrift für Hartmut Maurer zum 70. Geburtstag, München 2001, S. 1147–1164.

Hilgendorf, Eric: Stufung des vorgeburtlichen Lebens- und Würdeschutzes, in: Carl Friedrich Gethmann/Stefan Huster (Hrsg.): Recht und Ethik in der Präimplantationsdiagnostik, Paderborn 2010, S. 175–188.

Hillgruber, Christian: Art. 1 GG, in: Volker Epping/Christian Hillgruber (Hrsg.), Grundgesetz-Kommentar, München 2009 (S. 5–25).

Hillgruber, Christian: Verfassungsinterpretation, in: Otto Depenheuer (Hrsg.), Verfassungstheorie, Tübingen 2010, § 15 (S. 505–536).

Hillgruber, Christian: Es gibt keine Gleichheit im Unrecht, in: FAZ Nr. 82 v. 7. April 2011, S. 7.

Hilpert, Konrad: Der Streit um die Stammzellforschung. Ein kritischer Rückblick, in: ders. (Hrsg.), Forschung contra Lebensschutz, Freiburg i.Br. u.a. 2009, S. 14–29.

Hoerster, Norbert: Ethik des Embryonenschutzes. Ein rechtsphilosophischer Essay, Stuttgart 2002.

Hoerster, Norbert/Rüttgers, Jürgen: Zulässigkeit von Spätabtreibungen? Pro und Contra, in: ZRP 2007, S. 71.

Höfling, Wolfram: Wer lebt, hat Würde, in: FAZ Nr. 275 v. 26. November 2003, S. 37.

Höfling, Wolfram: Art. 1 GG, in: Michael Sachs (Hrsg.), Grundgesetz-Kommentar, 6. Aufl., München 2011 (S. 75–111).

Hofmann, Hasso: Biotechnik, Gentherapie, Genmanipulation – Wissenschaft im rechtsfreien Raum?, in: JZ 1986, S. 253–260.

Hofmann, Hasso: Zur Idee des Staatsgrundgesetzes, in: ders., Recht – Politik – Verfassung. Studien zur Geschichte der politischen Philosophie, Frankfurt am Main 1986, S. 261–295.

Hofmann, Hasso: Die Pflicht des Staates zum Schutz des menschlichen Lebens, in: Ellen Schlüchter (Hrsg.), Recht und Kriminalität. Festschrift für Friedrich-Wilhelm Krause zum 70. Geburtstag, Köln u.a. 1990, S. 115–122.

Hofmann, Hasso: Die versprochene Menschenwürde, in: AöR 118 (1993), S. 353–377.

Hofmann, Hasso: Menschenrechtliche Autonomieansprüche (1992), in: ders., Verfassungsrechtliche Perspektiven. Aufsätze aus den Jahren 1980–1994, Tübingen 1995, S. 51–72.

Hofmann, Hasso: Zu Entstehung, Entwicklung und Krise des Verfassungsbegriffs, in: Alexander Blankenagel / Ingolf Pernice / Helmuth Schulze-Fielitz (Hrsg.), Verfassung im Diskurs der Welt. Liber amicorum für Peter Häberle zum 70. Geburtstag, Tübingen 2004, S. 157–171.

Hofmann, Hasso: Methodische Probleme der juristischen Menschenwürdeinterpretation, in: Ivo Appel / Georg Hermes (Hrsg.), Mensch–Staat–Umwelt, Berlin 2008, S. 47–78.

Hofmann, Hasso / Dreier, Horst: Repräsentation, Mehrheitsprinzip und Minderheitenschutz, in: Hans-Peter Schneider / Wolfgang Zeh (Hrsg.), Parlamentsrecht und Parlamentspraxis in der Bundesrepublik Deutschland. Ein Handbuch, Berlin–New York 1989, S. 165–199.

Honecker, Martin: Wie tragfähig sind theologische Argumente in der bioethischen Debatte?, in: Heinrich de Wall / Michael Germann (Hrsg.), Bürgerliche Freiheit und Christliche Verantwortung. Festschrift für Christoph Link zum 70. Geburtstag, Tübingen 2003, S. 669–686.

Huber, Wolfgang: Das Ende der Person, in: Horst Dreier / Wolfgang Huber, Bioethik und Menschenwürde, hrsgg. v. Hans-Richard Reuter, Münster 2002, S. 51–66.

Hufen, Friedhelm: Individuelle Rechte und die Zulassung der PID, in: Carl Friedrich Gethmann / Stefan Huster (Hrsg.), Recht und Ethik in der Präimplantationsdiagnostik, Paderborn 2010, S. 129–154.

Hufen, Friedhelm: Staatsrecht II. Grundrechte, 3. Aufl., München 2011.

Huster, Stefan: Die ethische Neutralität des Staates. Eine liberale Interpretation der Verfassung, Tübingen 2002.

Huster, Stefan: Der Grundsatz der religiös-weltanschaulichen Neutralität des Staates – Gehalt und Grenzen, Berlin 2004.

Ilkilic, Ilhan: Die aktuelle Biomedizin aus der Sicht des Islam, in: Silke Schicktanz u. a. (Hrsg.), Kulturelle Aspekte der Biomedizin. Bioethik, Religionen und Alltagsperspektiven, Frankfurt am Main 2003, S. 56–83.

Ipsen, Jörn: Der »verfassungsrechtliche Status« des Embryos in vitro, in: JZ 2001, S. 989–996.

Isensee, Josef: Schlußwort, in: Otto Depenheuer u. a. (Hrsg.), Die Einheit des Staates. Symposion aus Anlass der Vollendung des 60. Lebensjahres von Josef Isensee, Heidelberg 1998, S. 71–81.

Isensee, Josef: Menschenwürde: die säkulare Gesellschaft auf der Suche nach dem Absoluten, in: AöR 131 (2006), S. 173–218.

Isensee, Josef: Das Grundrecht als Abwehrrecht und als staatliche Schutzpflicht, in: ders. / Paul Kirchhof (Hrsg.), Handbuch des Staatsrechts der Bundesrepublik Deutschland, 3. Aufl., Bd. IX, Heidelberg 2011, § 191 (S. 413–568).

Isensee, Josef: Würde des Menschen, in: Detlef Merten / Hans-Jürgen Papier (Hrsg.), Handbuch der Grundrechte in Deutschland und Europa, Bd. IV, Heidelberg 2011, § 87 (S. 3–135).

Jarass, Hans D.: Art. 2 GG, in: ders. / Bodo Pieroth, Grundgesetz für die Bundesrepublik Deutschland, 11. Aufl., München 2011 (S. 59–103).

Jellinek, Georg: Über die sozialethische Bedeutung von Recht, Unrecht und Strafe (1878), 2. Aufl., Berlin 1908.

Kant, Immanuel: Die Metaphysik der Sitten (1797), Akademie-Ausgabe, Bd. VI, Berlin–New York 1968, S. 478–492.

Kaube, Jürgen: Wider den PID-Alarmismus, in: FAZ Nr. 155 v. 7. Juli 2011, S. 29.

Keller, Rolf: Beginn und Stufungen des strafrechtlichen Lebensschutzes, in: Hans-Ludwig Günther / Rolf Keller (Hrsg.), Fortpflanzungsmedizin und Humangenetik – Strafrechtliche Schranken? Tübinger Beiträge zum Diskussionsentwurf eines Gesetzes zum Schutz von Embryonen, 2. Aufl., Tübingen 1991, S. 111–135.

Kelsen, Hans: Allgemeine Staatslehre, Berlin 1925.

Kelsen, Hans: Vom Wesen und Wert der Demokratie, 2. Aufl., Tübingen 1929.

Keown, Damien: Buddhism and Bioethics, Basingstoke u. a. 1995, Nachdruck 2011.

Keown, Damien: Buddhism and bioethics, in: John F. Peppin (Hrsg.), Religious Perspectives in Bioethics, London u. a. 2004, S. 173–188.

Kersten, Jens: Das Klonen von Menschen. Eine verfassungs-, europa- und völkerrechtliche Kritik, Tübingen 2004.

Kettner, Matthias (Hrsg.): Biomedizin und Menschenwürde, Frankfurt am Main 2004.

Kloeden-Freudenberg, Gesine v.: Was dem Leben dient. Die Debatte um die Forschung an embryonalen Stammzellen im christlich-jüdischen Gespräch, in: Fernando Enns (Hrsg.), Profilierte Ökumene: bleibend Wichtiges und jetzt Dringliches. Festschrift für Dietrich Ritschl, Frankfurt am Main 2009, S. 259–278.

Knoepffler, Nikolaus: Menschenwürde in der Bioethik, Berlin u. a. 2004.

Koch, Hans-Georg: Forschung mit embryonalen Stammzellen im Rechtsvergleich, in: Ulrich H. J. Körtner / Christian Kopetzki (Hrsg.), Stammzellforschung – Ethische und rechtliche Aspekte, Wien–New York 2008, S. 233–249.

Korioth, Stefan: Freiheit der Kirchen und Religionsgemeinschaften, in: Detlef Merten / Hans-Jürgen Papier (Hrsg.), Handbuch der Grundrechte in Deutschland und Europa, Bd. IV, Heidelberg 2011, § 97 (S. 617–662).

Krawietz, Werner: Rechtliche Verantwortung oder wissenschaftliche Vernunft im praktischen juristischen Entscheidungsverhalten?, in: Hans-Peter Müller (Hrsg.), Wissen als Verantwortung. Ethische Konsequenzen des Erkennens, Stuttgart u. a. 1991, S. 53–100.

Kress, Hartmut: Präimplantationsdiagnostik und Fortpflanzungsmedizin angesichts des ethischen Pluralismus. Rechtspolitische Gesichtspunkte nach dem Urteil des BGH, in: ZRP 2010, S. 201–205.

Kress, Hartmut/Kaatsch, Hans-Jürgen (Hrsg.): Menschenwürde, Medizin und Bioethik. Heutige Fragen medizinischer und ökologischer Ethik, Münster u. a. 2000.

Krüger, Herbert: Allgemeine Staatslehre, Stuttgart 1964.

Krüper, Julian: Die grundrechtlichen Grenzen staatlicher Neutralität, in: JöR 53 (2005), S. 79–110.

Krüper, Julian: Das Glück der größten Zahl – Zum Mehrheitsprinzip als Funktionsregel im Verfassungsstaat, in: ZjS 2 (2009), S. 477–486.

Kuhlmann, Andreas: An den Grenzen unserer Lebensform. Texte zur Bioethik und Anthropologie, Frankfurt am Main–New York 2011.

Lange, Friederike Valerie: Grundrechtsbindung des Gesetzgebers. Eine rechtsvergleichende Studie zu Deutschland, Frankreich und den USA, Tübingen 2010.

Lenz, Sebastian: Vorbehaltlose Grundrechte. Stellung und Funktion vorbehaltloser Freiheitsrechte in der Verfassungsordnung, Tübingen 2006.

Leopoldina, Ad-hoc-Stellungnahme Januar 2011: Präimplantationsdiagnostik (PID) – Auswirkungen einer begrenzten Zulassung in Deutschland, 2. Aufl. 2011.

Lepsius, Oliver: Erwerbsaufwendungen im Einkommensteuerrecht. Anmerkung zu BVerfG, Urteil v. 9.12.2008 – 2 BvL 1/07 u. a. (Pendlerpauschale), in: JZ 2009, S. 260–263.

Lienbacher, Georg: Rationalitätsanforderungen an die parlamentarische Rechtsetzung im demokratischen Rechtsstaat, VVDStRL 71 (2012), S. 7–82.

Locke, John: The Second Treatise of Government (1681/1689), zitiert nach: John Locke, Political Writings, edited and with an Introduction by David Wootton, London 1993, S. 261–387.

Locke, John: Zweite Abhandlung über die Regierung. Mit Kommentar von Ludwig Siep, Suhrkamp (Studienbibliothek 7), Frankfurt am Main 2007.

Loewenstein, Karl: Verfassungslehre, Tübingen 1959.

Löwenstein, Stephan: Der Beginn einer immerwährenden Verschiebung?, in: FAZ Nr. 86 v. 12. April 2008, S. 2.

Lüdicke, Klaus: Can. 1323, in: ders. (Hrsg.), Münsterischer Kommentar zum Codex Iuris Canonici, Bd. 6, Essen 1992, (S. 1–10).

Mackler, Aaron L.: Introduction to Jewish and Catholic Bioethics. A Comparative Analysis, Washington D. C. 2003.

Maio, Giovanni: Der Status des extrakorporalen Embryos. Perspektiven eines interdisziplinären Zugangs, Stuttgart-Bad Cannstatt 2007.

Markl, Hubert: Ein Mensch ist ein Mensch ist ein Schaf?, in: Universitas 2000, S. 995–1011.

Markl, Hubert: Schöner neuer Mensch?, München–Zürich 2002.

Meisner, Joachim: Am Deich gibt es keine Kompromisse, in: FAZ Nr. 19 v. 23. Januar 2002, S. 12.

Merkel, Reinhard: Forschungsobjekt Embryo. Verfassungsrechtliche und ethische Grundlagen der Forschung an menschlichen embryonalen Stammzellen, München 2002.

Meßerschmidt, Klaus: Gesetzgebungsermessen, Berlin 2000.

Michael, Lothar / Morlok, Martin: Grundrechte, 3. Aufl., Baden-Baden 2012.

Möllers, Christoph: Religiöse Freiheit als Gefahr?, VVDStRL 68 (2009), S. 47–93.

Morlok, Martin: Art. 4 GG, in: Horst Dreier (Hrsg.), Grundgesetz-Kommentar, Bd. I, 3. Aufl., Tübingen 2013.

Müller-Terpitz, Ralf: Der Schutz des pränatalen Lebens. Eine verfassungs-, völker- und gemeinschaftsrechtliche Statusbetrachtung an der Schwelle zum biomedizinischen Zeitalter, Tübingen 2007.

Müller-Terpitz, Ralf: Recht auf Leben und körperliche Unversehrtheit, in: Josef Isensee / Paul Kirchhof (Hrsg.), Handbuch des Staatsrechts der Bundesrepublik Deutschland, 3. Aufl., Bd. VII, Heidelberg 2009, § 147 (S. 3–77).

Nationaler Ethikrat: Stellungnahme zum Import menschlicher embryonaler Stammzellen, Berlin 2001.

Nationaler Ethikrat: Genetische Diagnostik vor und während der Schwangerschaft, Berlin 2003.

Nationaler Ethikrat: Klonen zu Fortpflanzungszwecken und Klonen zu biomedizinischen Forschungszwecken, Berlin 2004.

Nationaler Ethikrat: Zur Frage einer Änderung des Stammzellgesetzes, Berlin 2007.

Neidert, Rudolf: Zunehmendes Lebensrecht, in: Deutsches Ärzteblatt 2000, S. A 3483–3486.

Neidert, Rudolf: Forschungsverbote im Embryonenschutzgesetz und ihre Grenzen – mit einem Exkurs zum Stammzellgesetz, in: Nova Acta Leopoldina NF 96 (2007), S. 207–228.

Nordmann, Yves / Birnbaum, Michel: Die aktuelle Biomedizin aus der Sicht des Judentums, in: Silke Schicktanz / Christof Tannert / Peter Wiedemann (Hrsg.), Kulturelle Aspekte der Biomedizin. Bioethik, Religionen und Alltagsperspektiven, Frankfurt am Main 2003, S. 84–106.

Nüsslein-Volhard, Christiane: Das Werden des Lebens. Wie Gene die Entwicklung steuern, München 2004.

Papier, Hans-Jürgen: Vorbehaltlos gewährleistete Grundrechte, in: Detlef Merten / Hans-Jürgen Papier (Hrsg.), Handbuch der Grundrechte in Deutschland und Europa, Bd. III, Heidelberg 2009, § 64 (S. 365–404).

Pawlik, Michael: Polemik in allen Ehren, aber so einfach geht das nicht. Rezension zu Ralf Müller-Terpitz, Der Schutz des pränatalen Lebens, in: FAZ Nr. 124 v. 30. Mai 2008, S. 37.

Payandeh, Mehrdad: Das Gebot der Folgerichtigkeit: Rationalitätsgewinn oder Irrweg der Grundrechtsdogmatik?, in: AöR 136 (2011), S. 578–615.

Pellegrino, Edmund D. (Hrsg.): Human Dignity and Bioethics, Notre Dame 2009.

Pernice, Ingolf: Art. 5 III GG, in: Horst Dreier (Hrsg.), GG-Kommentar, Bd. I, 2. Aufl., Tübingen 2004 (S. 432–484).

Picker, Eduard: Menschenwürde und Menschenleben. Das Auseinanderdriften zweier fundamentaler Werte als Ausdruck der wachsenden Relativierung des Menschen. Mit einem Vorwort von Robert Spaemann, Stuttgart 2002.

Polke, Christian: Öffentliche Religion in der Demokratie. Eine Untersuchung zur weltanschaulichen Neutralität des Staates, Leipzig 2009.

Radbruch, Gustav: Rechtsphilosophie, Studienausgabe, Heidelberg 1999.

Rawls, John: Der Gedanke eines übergreifenden Konsenses (1987), in: ders., Die Idee des politischen Liberalismus. Aufsätze 1978–1987, hrsgg. v. Wilfried Hinsch, Frankfurt am Main 1992, S. 293–332.

Rawls, John: Political Liberalism, New York 1993.

Reinhard, Wolfgang: Geschichte der Staatsgewalt. Eine vergleichende Verfassungsgeschichte Europas von den Anfängen bis zur Gegenwart, München 1999.

Rendtorff, Trutz: Jenseits der Menschenwürde? Zum ethischen Diskurs über humane embryonale Stammzellen. Ein Kommentar, in: Jahrbuch für Wissenschaft und Ethik, Bd. 5, Berlin–New York 2000, S. 183–195.

Rennert, Klaus: Veröffentlichungen der Vereinigung der Deutschen Staatsrechtslehrer, Band 71: Grundsatzfragen der Rechtsetzung und Rechtsfindung – Referate und Diskussionen auf der Tagung der Vereinigung der Deutschen Staatsrechtslehrer in Münster vom 5. bis 8. Oktober 2011, in: DÖV 2012, S. 924–927.

Rey-Stocker, Irmi: Anfang und Ende des menschlichen Lebens aus der Sicht der Medizin und der drei monotheistischen Religionen Judentum, Christentum und Islam, Basel u. a. 2006.

Rosner, Fred / Bleich, David J. (Hrsg.): Jewish Bioethics, Hoboken 2000.

Rox, Barbara: Vom Wert der freien Rede – Zur Strafwürdigkeit der Blasphemie, in: JZ 2013, S. 30–34.

Sachedina, Abdulaziz: Islamic Biomedical Ethics – Principles and Application, Oxford 2009.

Sacksofsky, Ute: Religiöse Freiheit als Gefahr?, VVDStRL 68 (2009), S. 7–46.

Sainsbury, Richard M.: Paradoxien, 4. Aufl., Stuttgart 2010.

Schark, Marianne: Zur moralischen Relevanz des Menschseins. Schutzwürdigkeit menschlicher Embryonen aufgrund ihrer Gattungszugehörigkeit?, in: Peter Dabrock / Ruth Denkhaus / Stephan Schaede (Hrsg.), Gattung Mensch. Interdisziplinäre Perspektiven, Tübingen 2010, S. 297–324.

Schlaich, Klaus: Neutralität als verfassungsrechtliches Prinzip. Vornehmlich im Kulturverfassungs- und Staatskirchenrecht, Tübingen 1972.

Schlaich, Klaus: Die Verfassungsgerichtsbarkeit im Gefüge der Staatsfunktionen, VVDStRL 39 (1981), S. 99–146.

Schlaich, Klaus / Korioth, Stefan: Das Bundesverfassungsgericht. Stellung, Verfahren, Entscheidungen, 9. Aufl., München 2012.

Schleyer, Martin: Kein Individuum, sondern ein Dividuum, in: FAZ Nr. 117 v. 21. Mai 2001, S. 9.

Schlieter, Jens: Das Karma der Klone, in: FAZ Nr. 2 v. 3. Januar 2003, S. 38.

Schlink, Bernhard: Aktuelle Fragen des pränatalen Lebensschutzes, Berlin 2002.

Schmidt, Christian Hermann: Vorrang der Verfassung und konstitutionelle Monarchie. Eine dogmengeschichtliche Untersuchung zum Problem der Normenhierarchie in den deutschen Staatsordnungen im frühen und mittleren 19. Jahrhundert (1818–1866), Berlin 2000.

Schmidt-Aßmann, Eberhard: Grundrechtspositionen und Legitimationsfragen im öffentlichen Gesundheitswesen, Berlin–New York 2001.

Schmidt-Jortzig, Edzard: Rechtsfragen der Biomedizin, Berlin 2003.

Schmitt, Carl: Verfassungslehre, München 1928.

Schmoll, Heike: Wann wird der Mensch ein Mensch?, in: FAZ Nr. 125 v. 31. Mai 2001, S. 15.

Schmoll, Heike: Sackgassen der bioethischen Debatte, in: FAZ Nr. 182 v. 8. August 2001, S. 1.

Schöne-Seifert, Bettina: Contra Potentialitätsargument: Probleme einer traditionellen Begründung für embryonalen Lebensschutz, in: Gregor Damschen / Dieter Schönecker (Hrsg.), Der moralische Status menschlicher Embryonen. Pro und contra Spezies-, Kontinuums-, Identitäts- und Potentialitätsargument, Berlin / New York 2003, S. 169–186.

Schröder, Richard: Die Forschung an embryonalen Stammzellen, in: Berliner Theologische Zeitschrift 19 (2002), S. 280–306.

Schröder, Richard: Ab wann ist der Mensch ein Mensch? in: Tagesspiegel v. 29.2.2008, abrufbar unter http://www.tagesspiegel.de/wissen/ab-wann-ist-der-mensch-ein-mensch/1177012.html [9.1.2013].

Schröder, Richard: Schriftliche Stellungnahme bei der öffentlichen Anhörung des Bundestagsausschusses für Gesundheit am 25. Mai 2011, Ausschussdrucks. 17(14)0134(4).

Schroth, Ulrich: Forschung mit embryonalen Stammzellen und Präimplantationsdiagnostik im Lichte des Rechts, in: JZ 2002, S. 170–179.

Schroth, Ulrich: Keine Strafbarkeit bei Durchführung einer Präimplantationsdiagnostik auf genetische Schäden, in: NJW 2010, S. 2676–2677.

Schulze-Fielitz, Helmuth: Theorie und Praxis parlamentarischer Gesetzgebung – besonders des 9. Deutschen Bundestags (1980–1983), Berlin 1988.

Schulze-Fielitz, Helmuth: Verfassungsvergleichung als Einbahnstraße?, in: Alexander Blankenagel / Ingolf Pernice / Helmuth Schulze-Fielitz (Hrsg.), Verfassung im Diskurs der Welt. Liber amicorum für Peter Häberle zum 70. Geburtstag, Tübingen 2004, S. 355–379.

Schulze-Fielitz, Helmuth: Art. 20 (Rechtsstaat) GG, in: Horst Dreier (Hrsg.), Grundgesetz-Kommentar, Bd. II, 2. Aufl., Tübingen 2006 (S. 128–209).

Schulze-Fielitz, Helmuth: Art. Kompromiß, in: Werner Heun u. a. (Hrsg.), Evangelisches Staatslexikon, 4. Aufl. Stuttgart 2006, Sp. 1291–1294.

Schulze-Fielitz, Helmuth: Art. 2 II GG, in: Horst Dreier (Hrsg.), Grundgesetz-Kommentar, Bd. I, 3. Aufl., Tübingen 2013.

Schwarz, Kyrill-Alexander: »Folgerichtigkeit« im Steuerrecht, in: Otto Depenheuer / Peter Axer (Hrsg.), Staat im Wort. Festschrift für Josef Isensee, Heidelberg 2007, S. 949–964.

Schweizer, Rainer J. : Das Schweizerische Stammzellenforschungsgesetz vom 19. Dezember 2003, in: Ulrich H. J. Körtner / Christian Kopetzki (Hrsg.),

Stammzellforschung – Ethische und rechtliche Aspekte, Wien–New York 2008, S. 297–349.

Seelmann, Kurt: Recht und Rechtsethik in der Fortpflanzungsmedizin, in: Recht 13 (1996), S. 240–247.

Seelmann, Kurt: Haben Embryonen Menschenwürde? Überlegungen aus juristischer Sicht, in: Matthias Kettner (Hrsg.), Biomedizin und Menschenwürde, Frankfurt am Main 2004, S. 63–80.

Seith, Carola: Status und Schutz des extrakorporalen Embryos. Eine rechtsvergleichende Studie, Baden-Baden 2007.

Sekretariat der Deutschen Bischofskonferenz (Hrsg.): Instruktion der Kongregation für die Glaubenslehre über die Achtung vor dem beginnenden menschlichen Leben und die Würde der Fortpflanzung vom 10. März 1987 (= Verlautbarungen des Apostolischen Stuhls 74), 5., redaktionell überarbeitete Auflage, Bonn 2000.

Sekretariat der Deutschen Bischofskonferenz (Hrsg.): Instruktion Dignitas Personae über einige Fragen der Bioethik vom 8. September 2008 (= Verlautbarungen des Apostolischen Stuhls 183), Bonn 2008.

Sendler, Horst: Grundrecht auf Widerspruchsfreiheit der Rechtsordnung – Eine Reise nach Absurdistan?, in: NJW 1998, S. 2875–2877.

Siep, Ludwig: Die bioethische Neuerfindung des Menschen, in: Günter Abel (Hrsg.), Kreativität, Berlin 2006, S. 306–323.

Siep, Ludwig: Die Bedeutung der menschlichen Gattungszugehörigkeit für eine konkrete Ethik, in: Peter Dabrock / Ruth Denkhaus / Stephan Schaede (Hrsg.), Gattung Mensch. Interdisziplinäre Perspektiven, Tübingen 2010, S. 281–296.

Spranger, Tade Matthias: Die PID und das Verbot der Behindertendiskriminierung, in: Carl Friedrich Gethmann / Stefan Huster (Hrsg.): Recht und Ethik in der Präimplantationsdiagnostik, Paderborn 2010, S. 155–174.

Starck, Christian: Art. 1 GG, in: Hermann von Mangoldt / Friedrich Klein / Christian Starck (Hrsg.), Das Bonner Grundgesetz. Kommentar, 6. Aufl., München 2010 (S. 25–173).

Steiner, Udo: Der Schutz des Lebens durch das Grundgesetz, Berlin–New York 1992.

Stern, Klaus: Die Grundrechte und ihre Schranken, in: Peter Badura / Horst Dreier (Hrsg.), Festschrift 50 Jahre Bundesverfassungsgericht. Bd. II: Klärung und Fortbildung des Verfassungsrechts, Tübingen 2001, S. 1–34.

Stietencron, Heinrich v.: Art. Religionen und Bioethik (4. Hinduismus), in: Wilhelm Korff (Hrsg.), Lexikon der Bioethik, Bd. III, Gütersloh 1998, S. 192–197.

Stüer, Bernd: Grundsatzfragen der Rechtsetzung und Rechtsfindung, in: DVBl. 2011, S. 1530–1536.

Sydow, Gernot: Parlamentssuprematie und *Rule of Law*. Britische Verfassungsreformen im Spannungsfeld von Westminster Parliament, Common-Law-Gerichten und europäischen Einflüssen, Tübingen 2005.

Tanner, Klaus: Vom Mysterium des Menschen. Ethische Urteilsbildung im Schnittfeld von Biologie, Rechtswissenschaft und Theologie, in: ders. / Ulrich

H. J. Körtner (Hrsg.), Streitfall Biomedizin. Urteilsfindung in christlicher Verantwortung, Göttingen 2003, S. 135–158.

Tanner, Klaus: Der Streit in Deutschland um die Stammzellforschung, in: Jahrbuch 2008 der Deutschen Akademie der Naturforscher Leopoldina, Jg. 54 (2009), S. 397–415.

Tanner, Klaus: Die Religion(en) und die Bioethik, in: Jan C. Joerden / Thorsten Moos / Christa Wewetzer (Hrsg.), Stammzellforschung in Europa: religiöse, ethische und rechtliche Probleme, Frankfurt am Main u. a. 2009, S. 35–54.

Taupitz, Jochen: Der rechtliche Rahmen des Klonens zu therapeutischen Zwecken, in: NJW 2001, S. 3433–3430.

Taupitz, Jochen: Erfahrungen mit dem Stammzellgesetz, in: JZ 2007, S. 113–122.

Taupitz, Jochen: Einführung B, in: Hans-Ludwig Günther / Peter Kaiser / Jochen Taupitz (Hrsg.): Embryonenschutzgesetz. Juristischer Kommentar mit medizinisch-naturwissenschaftlichen Einführungen, Stuttgart 2008 (S. 77–98).

Taupitz, Jochen: § 1 Abs. 1 Nr. 3, in: Hans-Ludwig Günther / Peter Kaiser / Jochen Taupitz (Hrsg.): Embryonenschutzgesetz. Juristischer Kommentar mit medizinisch-naturwissenschaftlichen Einführungen, Stuttgart 2008 (S. 160–172).

Taupitz, Jochen: Menschenwürde von Embryonen – europäisch-patentrechtlich betrachtet. Besprechung zu EuGH, Urt. v. 18.10.2011 – C-34/10 – Brüstle / Greenpeace, in: GRUR 2012, S. 1–5.

Thoma, Richard: Über Wesen und Erscheinungsformen der modernen Demokratie (1948), in: ders., Rechtsstaat – Demokratie – Grundrechte, herausgegeben und eingeleitet von Horst Dreier, Tübingen 2008, S. 406–442.

Trute, Hans Heinrich: Wissenschaft und Technik, in: Josef Isensee / Paul Kirchhof (Hrsg.), Handbuch des Staatsrechts der Bundesrepublik Deutschland, 3. Aufl., Bd. IV, Heidelberg 2006, § 88 (S. 747–782).

Unruh, Peter: Der Verfassungsbegriff des Grundgesetzes. Eine verfassungstheoretische Rekonstruktion, Tübingen 2002.

Vieth, Andreas: Wie viel Wasser enthält der Rubikon der Freiheit? Die Berliner Reden von Johannes Rau und Hubert Markl. Eine Analyse aus philosophischer Sicht, in: Ludwig Siep / Michael Quante (Hrsg.), Der Umgang mit dem beginnenden menschlichen Leben. Ethische, medizintheoretische und rechtliche Probleme aus niederländischer und deutscher Perspektive, Münster 2003, S. 107-131.

Volkmann, Uwe: Der Preis der Freiheit, in: Christine Langenfeld / Irene Schneider (Hrsg.), Recht und Religion in Europa. Zeitgenössische Konflikte und historische Perspektiven, Göttingen 2008, S. 87–101.

Volkmann, Uwe: Staatsrecht II. Grundrechte, 2. Aufl., München 2011.

Wahl, Rainer: Vorrang der Verfassung, in: Der Staat 20 (1981), S. 485–516.

Wahl, Rainer: Die Rolle des Verfassungsrechts angesichts von Dissens in der Gesellschaft und in der Rechtspolitik, in: Giovanni Maio (Hrsg.), Der Status des extrakorporalen Embryos. Perspektiven eines interdisziplinären Zugangs, Stuttgart-Bad Cannstatt 2007, S. 551–593.

Wahl, Rainer / Masing, Johannes: Schutz durch Eingriff, in: JZ 1990, S. 553–563.

Waldhoff, Christian: »Der Gesetzgeber schuldet nichts als das Gesetz«, in: Otto Depenheuer/Peter Axer (Hrsg.), Staat im Wort. Festschrift für Josef Isensee, Heidelberg 2007, S. 325–343.

Waldhoff, Christian: Neue Religionskonflikte und staatliche Neutralität – Erfordern weltanschauliche und religiöse Entwicklungen Antworten des Staates?, in: Verhandlungen des 68. Deutschen Juristentages, Bd. I, München 2010, S. D 1–176.

Waldhoff, Christian: Was bedeutet religiös-weltanschauliche Neutralität des Staates?, in: Martin Honecker (Hrsg.), Gleichheit der Religionen im Grundgesetz? Symposion der Nordrhein-Westfälischen Akademie der Wissenschaft und der Künste, Paderborn u. a. 2011, S. 17–29.

Weschka, Marion: Präimplantationsdiagnostik, Stammzellforschung und therapeutisches Klonen: Status und Schutz des menschlichen Embryos vor den Herausforderungen der modernen Biomedizin. Eine Untersuchung aus einfachgesetzlicher, verfassungsrechtlicher und internationaler Perspektive, Berlin 2010.

Wieland, Joachim: Art. 93 GG, in: Horst Dreier (Hrsg.), Grundgesetz-Kommentar, Bd. III, 2. Aufl., Tübingen 2008 (S. 383–429).

Winterhoff, Christian: Verfassung – Verfassunggebung – Verfassungsänderung. Zur Theorie der Verfassung und der Verfassungsrechtserzeugung, Tübingen 2007.

Wittreck, Fabian: Jesus Christus oder Immanuel Kant – Auf wessen Schultern ruht das Grundgesetz?, in: ders. (Hrsg.), 60 Jahre Grundgesetz. Verfassung mit Zukunft!?, Baden-Baden 2010, S. 9–59.

Woopen, Christiane: Fortpflanzung zwischen Künstlichkeit und Natürlichkeit. Zur ethischen und anthropologischen Deutung individueller Anfangsbedingungen, in: Reproduktionsmedizin 18 (2002), S. 233–240.

Zohar, Noam J. (Hrsg.): Quality of Life in Jewish Bioethics, Lanham u. a. 2006.

Zwirner, Henning: Zum Grundrecht der Wissenschaftsfreiheit, in: AöR 98 (1973), S. 313–339.

Sachverzeichnis